Luisa Francia

Eine Göttin für jeden Tag

Luisa Francia

Eine Göttin für jeden Tag

Frauenoffensive

1. Auflage, 1996

(Knollerstr. 3, 80802 München)

ISBN 3-88104-280-6

Druck: Clausen & Bosse, Leck
Umschlaggestaltung: Frauke Bergemann, München
Tuschzeichnungen: Luisa Francia

Dies Buch ist gedruckt auf Papier aus chlorfrei gebleichtem Zellstoff.

Inhalt

Machen wir uns mit dem Unheimlichen vertraut,
denn das Vertraute ist uns unheimlich geworden.

VORWORT

Als ich anfing, das „Göttinnen“-Buch zu schreiben, für das ich jahrelang recherchiert habe, passierten die seltsamsten Dinge: Eine Wildkatze, die ich nie zuvor gesehen hatte, kam jetzt fast jeden Tag zu mir, legte sich auf meine Bücher und beobachtete mich bei der Arbeit. Die Marderin, die sich rar gemacht hatte, saß plötzlich wieder auf dem Balkon und ließ sich von mir mit kandierten Mangos füttern. Eine alte Freundin, die ich aus den Augen verloren hatte, meldete sich unvermutet wieder...

Mit großer Begeisterung begann ich, das Buch zu entwerfen, ließ mich in der Einteilung der Göttinnen zu den Kalendertagen inspirieren, pendelte, orakelte, träumte und baute den Kalender auf. Aber als ich damit fertig war, stürzte die Datei ab, in der alle Informationen für das Buch gespeichert waren. Anscheinend wurde es zu eng bei mir, die Atmosphäre war wohl zu dicht.

Ich schichtete einen Steinhaufen im Zimmer auf: für jede Göttin einen Stein, stellte kleine Altäre auf, zündete Kerzen an, brannte Salbei ab und räucherte. Dann aktivierte ich, was ich von meiner Verlegerin Hilke gelernt habe: Ich wandelte die Sicherheitskopie in eine Textkopie um. Die Datei stürzte nach diesem Ritual zwar nicht mehr ab, dafür geriet ich in eine tiefe Krise: Zu einigen Göttinnennamen, die ich gefunden hatte, gab es nirgendwo Informationen; oder sie bestanden aus Beschreibungen, von wem eine Göttin vergewaltigt, geraubt, geheiratet, verlassen worden war.

Da mir aus meiner jahrelangen Forschung klar ist, wie sehr patriarchale Paranoia Frauengestalten und Göttinnen verzerrt und manipuliert hat, fraß ich mich durch mindestens hundert Märchenbücher, um gemeinsame Muster zu entdecken, verglich Stammeskulturen mit Fragmenten unserer westlichen Kultur, holte alte Tonbandaufzeichnungen von Gesprächen mit Frauen aus Mali, Niger, Elfenbeinküste, Ghana, Benin, Nigeria, Gabun hervor. Bräuche, Tabus und Verbote klopfte ich noch einmal ab (ausspucken ist häßlich – weil mächtig; zeig nicht mit dem Finger auf Menschen – das ist eine alte Geste der Magie; schau Männern,

Erwachsenen nicht direkt in die Augen – aus deinen Hexenaugen könnte mehr Kraft kommen, als diese Menschen vertragen! usw).

Bei der 160. Göttin verzagte ich. 160 erschien mir viel, aber es war noch nicht einmal die Hälfte der Zahl, die ich brauchte. *Ich* stürzte ab. Das Material wanderte in die Kleiderkammer, und ich ließ mich auf eine Reportage über einen Skirennfahrer ein. Als ich mit der Gnadenlosigkeit des Rennsport, dieser Essenz des Patriarchats, konfrontiert wurde (wer nicht siegt, hat keine Existenzberechtigung, der Körper wird geschunden und präpariert, einzig um dem wahnsinnigen Druck standzuhalten, egal, ob dabei die Seele kaputt geht, egal, was in zwanzig Jahren mit dieser Person geschieht), holte ich das Göttinnenmaterial wieder aus der Kammer. Ich legte alle Bücher und mein Notebook in der Mitte des Zimmers zusammen und formte einen Kreis aus Steinen, Göttinnenfiguren, Kartoffeln, Zweigen, Äpfeln, Federn, Knochen. Im Osten stellte ich innerhalb des Kreises einen Becher Milch auf, im Süden eine Schale mit Honig, im Westen eine Kerze und im Norden ein Räuchergefäß.

Dann setzte ich mich in den Kreis und rief die Göttinnen, 366 Göttinnen. Ich sang ihre Namen, ich lockte sie, ich flüsterte, knurrte, schrie, jodelte einen Namen nach dem anderen. Ich soll Stroh zu Gold spinnen, sagte ich, aber ich kann nicht spinnen. Helft mir.

Warum nicht gleich, sagten die Göttinnen. Wer sagt, daß eine ohne Inspiration der Ahninnen schreiben kann?

Das Schreiben wäre nicht mal das Problem, sagte ich, die Struktur, der Kalender, die alphabetische Liste, die ganze Fleißarbeit. Ich bin ehrlich gesagt zu faul, um mir diese Arbeit zu machen.

Sei ganz beruhigt, sagte Baba Yaga, wir werden dir schon auf die Sprünge helfen.

Als ich den Kreis auflöste, wußte ich, daß mir wichtige Erkenntnis geschenkt worden war: DEMONS ARE A GIRL'S BEST FRIEND.

In der Zeit, in der ich das Buch schrieb, hörte ich Mari Boine, die finnische Sängerin, so oft, daß die Kinder im Haus anfingen, ihre Lieder nachzusingen. Andy Strempel muß an dieser Stelle auch einmal gedankt werden. Unermüdlich hilft er mir bei Tag oder Nacht, Ordnung in meinen Computer zu bringen.

Dieses Buch widme ich den Wintergöttinnen in meiner Nähe: Sonja, Walli, Ilse, Annamirl, Maria und Cordula.

demons are a girl's best friend

Stellen wir uns vor, es gäbe keine Ahninnen, keine Vorbilder, was in sich schon ein Paradox ist. Denn während ich das sage, denke, schreibe, kann ich es nur tun, weil es eine ununterbrochene Linie bis zur Urmutter vor wie vielen tausend oder Millionen Jahren auch immer gibt, sonst wäre ich nicht geboren worden.

Stellen wir's uns trotzdem vor. Jede von uns hätte das Gefühl, sie ist die erste. Oliver Sacks beschreibt diesen tödlichen Zustand in „Der Mann, der seine Frau mit dem Hut verwechselte" als eine Störung der Hirnchemie: Alles, was war, wird sofort wieder vergessen. Die kranke Person hat das Gefühl, sie müßte alles in jedem Augenblick des Lebens neu erfinden und erdenken, und kaum ist es erfunden und erdacht, entgleitet es dem Bewußtsein. Das wäre unsere Situation ohne Ahninnen und Göttinnen, denn es gäbe für uns als Frauen kein Muster, keine Modelle, wie eine sich verhalten, was eine gekonnt und getan hat, und jede von uns müßte alles neu erfinden.

Es ist also offensichtlich, daß wir Ahninnen – und Göttinnen, die ja eine Art Erhöhung der Ahninnen sind – haben. Da, wo jede steht, ist das Ende einer ununterbrochenen Ahninnen-Folge seit der Ur-Zeit. Wenn unsere Frauen-Linie nicht ungebrochen und ewig wäre, gäbe es keine von uns, denn jede wurde von einer Frau geboren, diese wurde wieder von einer Frau geboren und so fort. Wir sind das jüngste Glied in einer uralten Kette von Frauen.

Ob wir Ahninnen, ja Göttinnen brauchen, ist die andere Frage. Genausogut könnte ich fragen: Wozu brauche ich meine Großmutter oder Frau Wurzer. In meinem Fall ist das klar: Meine Großmutter konnte Karten legen, war eine selbstbewußte, machtbewußte Frau, von ihr lernte ich wie von keiner den Gebrauch von Tarotkarten und von Macht (abgesehen von der Kleinigkeit, daß ohne sie meine Mutter nicht geboren worden wäre und folglich mich nicht hätte gebären können). Frau Wurzer lehrte mich, daß alles möglich ist. Das nur am Rande.

Wer aber könnte ein Interesse daran haben, die Existenz von

Ahninnen und Göttinnen und ihre Bedeutung für uns zu verschleiern oder gar zu negieren? Für wen, anders gefragt, sind sie gefährlich, bedrohlich?

Es muß männlichen Wissenschaftler wie eine Bombe im Bewußtsein liegen, daß Unsterblichkeit im Mythos der Völker fast immer dem Weiblichen zugeordnet und immer in der Erbfolge der Frauen gelebt wird. Möglicherweise ist nicht einmal das Imponiergehabe der Männer wirklich männlich, denn der Macho könnte sich durchaus von *Macha*, der keltisch-irischen Königin ableiten, die schneller laufen konnte als das Pferd des Königs.

Entschlossenheit, kämpferischer Geist, Mut und Durchhaltevermögen können spätestens seit *Boadicea*, der keltischen Fürstin und Kriegerin, die vor etwa zweitausend Jahren gegen die Römer antrat, auch nicht mehr als männliche Tugenden definiert werden. Machtvolle, furchterregende Eigenschaften finden sich von *Kali* über *Baba Yaga* bis zu *Hel* und *Percht*. Wie konnte es passieren, daß heute Frauen vor Männern zittern? Daß Kampfgeist, Entschlossenheit und Mut als männliche Eigenschaften gelten?

Während die patriarchale Geschichte mit Namen von Königen, Helden und Päpsten, mit Jahreszahlen von Kriegen und Eroberungen in die Hirne der Menschen gebrannt wurde, haben die Herrschenden alles getan, um die Namen der Frauen zu löschen, die Macht der Frauen zu knebeln und vergessen zu machen.

Frauen sind nicht wichtig, sind der „Sekundärwiderspruch", hieß es in der linken Szene. Sie sind „trivial". Hier möchte ich ansetzen: Die römische Göttin *Trivia*, die Göttin des Alltags, des Haushalts und der Kreuzwege, eine entschärfte Form der Göttin *Hekate* (von *Hekau*, Worte der Macht, aus Nordafrika), der griechischen Kreuzwegsgöttin und Mutter aller Hexen, ist ein besonders gutes Beispiel, wie eine mächtige Frau „trivialisiert" wurde.

Keine wache Frau und Hexe kann auf *Hekate*, auf *Ariadne* – die mit dem Faden; woher wüßten wir vom Labyrinth und wie wir hinein und wieder herausfinden, wenn nicht von ihr – verzichten. Von ihnen und anderen haben wir alles gelernt, was wir können. Und haben es wieder vergessen. Immer wieder aber gab es Frauen, die die Gaben der Ahninnen und Göttinnen gepflegt und unter schwierigsten Bedingungen weitergegeben haben, und so können wir immer wieder bei Eva und Lilith anfangen.

Ich frage mich heute nicht mehr so oft: Warum ging das Matriarchat zu Ende? Dafür frage ich mich öfter und mit mehr Erfolg: Wie etablierte sich das Patriarchat? Dabei bin ich auf eine interessante Spur gestoßen. Je genauer ich nämlich die Grundfesten des Patriarchats untersuche, um so klarer kristallisiert sich die Antwort auf meine erste Frage heraus.

Was sind die Grundfesten des Patriarchats? Es sind

- monotheistische (unfehlbare) Religionen mit einem einzigen männlichen Gott,
- Privatbesitz, zu dem die Familie gehört.

Ich bin der Herr, dein Gott, du sollst keine anderen Götter neben mir haben, lautet zum Beispiel eins der Gebote, von denen uns doch wahrhaftig heute noch das Märchen erzählt wird, sie seien in einer Bundeslade, was immer das ist (klingt es nicht schon so unzuverlässig wie Bundeskanzler?), von einem Berg heruntergebracht worden.

Abgesehen davon, daß die Patriarchen bereits damals von den Frauen viel gelernt und ihnen damit ihre Eigenmacht abgekauft haben, indem sie begriffen, daß Legenden ein wesentlicher Teil der Volksgeschichte und kaum angreifbar sind, ist doch die entscheidende Botschaft bei diesem ersten von zehn seltsamen Geboten: Was immer du denkst, fühlst, welche Widersprüche du auch empfinden, wie viele andere Wahrheiten du im Leben finden magst – dieses erste Gebot setzt alle anderen gefundenen Werte außer Kraft.

Wer aber sagt diesen Satz: Ich bin der Herr, dein Gott (ein eifersüchtiger noch dazu), du sollst keine anderen Götter neben mir haben? Doch nicht Gott. Das Göttliche hat es nicht nötig, herumzueifern und zu geifern. Ist das Göttliche das Kleinkarierte, Eifersüchtige, Ängstliche, Unsichere, das sich ausgerechnet von ein paar herumfrettenden Menschlein die volle Anerkennung erzwingen will? Dieses erste Gebot zeigt sehr genau, woher der Wind weht: Ich, der Mann, bin der Herr, dein Gott, du sollst keine anderen Männer, also Götter neben mir haben. Ich bin es leid, Göttinnen und Frauen zu verehren. Ich möchte endlich auch Macht haben, ich möchte bestimmen, wie das Leben gelebt wird. Ich kann zwar nicht gebären, bin aber trotzdem der Herr allen Lebens. Ich möchte die Unterwerfung, und wer sich nicht beugt, den breche ich. Das steckt dahinter.

Ah, natürlich, wieder ein Gebot: *Du sollst nicht töten.* Aber das gilt nicht für mich, den Herrn, deinen Gott, denn im Krieg ist alles erlaubt, und ich gestatte meinen Soldaten, den Feind niederzumetzeln oder sagen wir, die Lebendigen zu töten, auf daß die Toten geehrt werden können.

Und was ist mit diesem Gebot? *Du sollst nicht stehlen.* Als diese „Gebote" in die Welt gebracht wurden und das Ende der matriarchalen Kultur besiegeln sollten, war die Menschheit auch schon mindestens eine Million Jahre alt. In all dieser Zeit hatten Menschen unter anderem deshalb so gut überlebt, weil sie beweglich blieben, weil sie Orte verlassen konnten, wo Krankheit, Eis, wilde Tiere, zuwenig Nahrung das Leben schwer machten, weil sie andere Orte aufsuchten, sich dort niederließen und blieben, bis es Zeit war weiterzuziehen.

Diese Lebensart erforderte zwei Grundvoraussetzungen: Das Land und alles, was sich darin bewegt und wächst, ist frei und gehört niemandem (ein paar unbelehrbare amerikanische UreinwohnerInnen bestehen ja heute noch auf diesem Grundsatz), und die Anzahl der Menschen in einem Klan muß den Lebensbedingungen so angepaßt sein, daß kein Nahrungs- und Überlebenskampf entsteht. Wer sagen kann: Du sollst nicht stehlen, muß vorher gesagt haben: Das alles ist mein. Wer aber das sagt, hat schon gestohlen und sichert sich mit diesem Gebot nur gegen Gleichgesinnte ab, die auf die gleiche Idee kommen könnten: Ich war schneller, und jetzt dürft ihr anderen alle nicht stehlen.

Noch interessanter: *Du sollst nicht begehren deines Nächsten Haus, Hof, Weib oder alles, was sein ist.* Aha. Da haben wir den klassischen Ur-Patriarchen. Der mysteriöse Nächste! Mit Gewalt nimmt er sich Land und Frau, denn ohne Land und ohne Frau stirbt er aus. Dann bestimmt er die neuen Besitzregelungen und schüchtert die anderen Patriarchen ein, die auf seine Beute aus sind. Ich will am Rande erwähnt haben, was die Parthenogenese-

Forscherin Marianne Wex in Vorträgen erzählt und belegt: Parthenogenese, also Fortpflanzung ohne Befruchtung durch den Mann, war und ist möglich; es passiert öfter, als wir denken, und verschiedene Tierarten pflanzen sich überhaupt nur so fort. Das bedeutet, daß die Existenz des Weiblichen in der Welt gesichert ist, nicht aber die Existenz des Männlichen.

Das muß in der männlichen Gedankenwelt eine gewisse Unruhe erzeugt haben, die sich unter anderem in religiösen Regeln, zum Beispiel in den zehn Geboten, vor allem aber in der Neuordnung der menschlichen Gesellschaft niederschlug. Denn während wir in der etwa siebentausend Jahre alten matriarchalen Siedlung Çatal Hüyük keinerlei Waffen und keine Befestigungs- und Verteidigungseinrichtungen finden, was darauf hinweist, daß es einfach keine Gewalt, keine Kriege gab und sich folglich auch niemand davor schützen mußte, wissen wir sehr genau, wie sich das Patriarchat etabliert hat: mit Gewalt, mit Waffen, mit Kriegen und mit religiösen Gesetzen, die unfehlbar wurden. Noch heute kann eine/r wegen Blasphemie verurteilt werden, während jeder über Göttinnen ungestraft lästern darf. Aber: Blasphemie ist machbar, Frau Nachbar!

Kommen wir zur Familie. *Du sollst Vater und Mutter ehren, auf daß es dir wohlergehe und du lange lebst auf Erden.* Scheinbar selbstverständlich und vernünftig, dieses Gebot. Aber schauen wir ruhig genauer hin: Du kannst alte Frauen verhöhnen, zum Beispiel auch deine Großmutter, von der ist ja nicht die Rede, und wenn du schon dabei bist, mach ruhig auch noch deinen Opa fertig, die Alten kommen in den Geboten eh nicht vor. Schieb sie ab, auch die Schwachen, die Behinderten, mach sie fertig, die Ausländer, die Flüchtlinge, die Außenseiter. Behaupte dich, setz dich durch. Wenn du die Schwachen an den Rand der Gesellschaft drängst oder auch hinausstößt, hast du zumindest vom Herrn, deinem Gott, nichts zu befürchten, denn als er die zehn Gebote vom Himmel fallen ließ, waren ihm die Schwachen und die Außenseiter offenbar derart egal, daß ihm dazu kein Gebot einfiel. Es gab gar keine? Was für ein Schachspieler wäre aber dieser Gott, der nicht ein paar hundert Züge vorausdenken kann?

Dafür wird die Familie auf den Thron gehoben, denn sie ist die Grundfeste patriarchaler Macht: Mag sein, daß dein Vater deine

Mutter jede Nacht vergewaltigt, mißhandelt, halb totschlägt und dich dazu, wie immerhin nachgewiesene 25 Prozent und eine weit höhere Dunkelziffer von Vätern das tun – ehre ihn, denn Gott will eo von dir. Deine Mutter hat dich verlassen? Sie peinigt dich und schlägt dich, sie demütigt dich? Ehre sie, denn sie ist deine Mutter.

Diese Eltern, die ja nun so selten nicht sind, haben zwar nichts anderes getan, als sich zu amüsieren, miteinander zu schlafen und dabei zufällig dich und andere arme Geschwister zu produzieren, aber ehre sie, denn sie sind deine Eltern. Krieche vor ihnen im Dreck, verachte sie nicht und wage es nicht, sie anzuschreien, sie zur Rechenschaft zu ziehen, denn sie sind schon fast göttlich. Pasolini, der an seiner erzkatholischen Erziehung zerbrach, noch bevor er umgebracht wurde, bezeichnete einmal die Familie als kleinste terroristische Einheit. Daß Eltern, die ihre Kinder lieben, mit ihnen respektvoll, liebevoll und zärtlich umgehen, ohnehin geachtet und geehrt werden, hat der Herr, dein Gott, wohl nicht gewußt, oder was hat er sich bei diesem Gebot gedacht?

Die mythische Überhöhung des Gottes, des männlichen Helden, des Kriegers, des Königs, des Herrschers, des Vaters diente der männlichen Macht und war eines der Hauptinstrumente im Krieg gegen die Frauen. Was aber war an den Frauen so mächtig, so bedrohlich, daß die Männer vor ihnen solche Angst hatten?

Das auffälligste Merkmal, das die Frau definitiv und ohne jede Diskussion von Männern unterscheidet, ist, daß sie sich reproduzieren kann, wie auch immer. Wenn sie nicht darüber nachdenkt, die Gehirnwäsche eventuell an ihr vorübergegangen ist oder sie genug Phantasie und Energie hat, tut sie es möglicherweise ohne den Anstoß von Spermien (nicht „Samen", denn der Same ist das Ei). Wenn sie sich den herrschenden Sitten anpaßt, läßt sie sich begatten, aber jedenfalls passiert es in ihrem Körper und selbst bei Reagenzglaskopfgeburten doch mit ihr, mit ihren Eiern aus ihrem unsterblichen Eierstock, durch ihr Zutun und mit ihrer Energie. Sie blutet zyklisch, um sich auf die Reproduktion vorzubereiten.

Die Zeit der Blutung, auch die Zeit kurz davor und die Zeit kurz danach, ist eine besondere Zeit. Frauen, die auf diese besondere Energie einsteigen können, z.B. weil sie nicht in Familien, sondern vielleicht in gewachsenen Großfamilien, Wahlverwandtschaften, freien Gemeinschaften leben, sich mit anderen Frauen intensiv austauschen, weil sie freiberuflich arbeiten und sich ihre Zeit einteilen können, weil sie also eigen-mächtig sind, erleben die Zeit der Menstruation als besonders mächtige Phase in ihrem Zyklus. Zauberinnen und weise Frauen entdecken in dieser Zeit in sich eine besonders starke magische Kraft.

Ehe es Stechuhren, Geschäftszeiten und Familien-Terror gab (o ja, das gab es mal, kaum zu glauben), standen den Frauen folglich ganz andere zyklische Kräfte zur Verfügung. Es drängt sich der Verdacht auf, daß der Zyklus nicht nur zur Reproduktion, sondern vor allem zur ständigen Erneuerung, Erfrischung und Impulsverstärkung des weiblichen Körpers wichtig war.

Des weiteren haben wir wohl auch alle schon bemerkt, daß Frauen durchaus unterschiedlich voneinander sind. Abgesehen davon, daß Frauen wohl nicht „das Empfangende" sind, denn dann wären sie sicher wohlhabender, lassen Frauen sich einfach nicht auf wenige Klischees zurechtstutzen. Es gibt wilde Frauen, brave Frauen, aufrührerische Frauen, angepaßte Frauen, zähe Frauen, schwache Frauen, liebevolle Frauen, grausame Frauen. Frauen sind erfinderisch, phantasielos, gewitzt, langweilig, geistvoll und sprühend, lähmend, erdig, luftig, feurig, verwässert, elementar, oberflächlich, gescheit, strohdumm, impulsiv, berechnend, intuitiv, voller Ahnungen... kurzum: Frauen haben in sich alle Kräfte, die es überhaupt gibt. Je nachdem, wie es ihnen in der Kindheit und der Jugend erlaubt wird, wie sie es sich selber erlauben können, diese Kräfte, Fähigkeiten und Anlagen zu pflegen, bilden sie diese aus oder nicht. Ziel der patriarchalen Bemühungen ist es, die Frau in eine dem jeweiligen Kulturkreis angepaßte Variante zu pressen, in der sie entschärft ist, gefahrlos goutiert und anschließend abgeschoben, weggeworfen, entsorgt werden kann.

Um sich zu festigen, mußte die Männerherrschaft (von Wirtschaft kann gar nicht die Rede sein, das würde zu gastlich klingen) also vorrangig die freie Verfügung über die Zeit und das Leben nach dem weiblichen Zyklus brechen. Ich behaupte: Psychiatrische Kliniken sind ursprünglich zur Niederwerfung der Frauen und ihrer Macht erfunden worden. Daß schließlich auch Männer an dieser „Kultur" verrückt wurden, konnte nicht ausbleiben. Kluge Männer wissen das (nein, ich habe nichts gegen Männer, aber alles gegen Herrscher).

Die vielfältigen Erscheinungsformen von Frauen, die vielen Eigenschaften und Kräfte, Talente und Begabungen zeigen uns vor allem eins: Was wir heute Göttinnen nennen, waren Frauen, waren Ahninnen, waren unsere Vor-Mütter, unsere Beispiele, Vorbilder, Erscheinungen besonders gepflegter und hoch entwickelter Fähigkeiten.

Göttinnen haben wir nicht, behauptete noch vor fünfzehn Jahren ein Bibliothekar der British Library, als ich für meine Göttinnenforschung einen Ausweis holen wollte. Er fand es besonders witzig, mir einen sportlichen Wettkampf anzutragen: Wenn Sie in zehn Minuten in unserem Katalog zehn Bücher über Göttinnen finden, bekommen Sie Ihren Ausweis.

Unter dem Schlagwort „Goddess" fand sich zwar, erwartungsgemäß, nichts; ich wußte aber bereits, wie sich die Wissenschaft damals aus der Affäre wand, und suchte unter „Fertility" und „Deity", also „Fruchtbarkeit" und „Gottheit". In acht Minuten war ich fündig und bekam meinen Ausweis. Der Bibliothekar bekam seinen Initialimpuls: So etwas gibt es bei uns?

So etwas gibt es überall, meine Herren. In jeder Frau, in jedem Land, in jedem Element, in jeder Himmelsrichtung, in jedem Stamm, in jeder Nation gibt es Göttinnen.

Und der Witz ist: Sogar in jeder patriarchalen Religion gibt es Göttinnen, denn ohne sie ist alles Nichts. Keine patriarchale Weltreligion konnte auf die Mutter Gottes, die All-Einige, die ja wohl nichts anderes als eine Göttin sein kann, verzichten.

Der Berühmteste der Koreshiten (Söhne der Kore) war Mohammed, der Prophet, der mit dem Koran die Überlieferungen, die Weisheiten der Göttin *Kore*, seiner Urmutter, festschrieb. *Fatima*, die Schwester des Propheten, war und blieb die Göttin der Frauen, die Unheil abwendet (die Hand der Fatima) und in der Not hilft. *Tara*, die in der vorbuddhistischen tibetischen Bön-Kultur Dölma hieß, wurde von den Buddhisten ebenso in die neue patriarchale Religion integriert wie *Phalden Lhamo*, die Dunkle, die Grausame, die Dämonin als Göttin, die sogar zur Schutzgöttin des Dalai Lama wurde. Die mächtigen Männer wußten schon, wie sehr sie auf die weibliche Kraft angewiesen waren. Mag sein, daß die hinduistischen Brahmanen die Urgöttin *Kali* nicht verehren, denn sie ist die Göttin der Unberührbaren, der Ausgestoßenen, Kranken, Aussätzigen, aber wenn's brennt, kommen auch die Brahmanen und überspringen ihre Berührungsängste, um nicht unterzugehen. Das Christentum zollt der Mutter Gottes den nötigen Respekt, zwar in einem Randbereich, aber die Wallfahrten und Votivgaben betreffen in der Hauptsache sie, das heißt, gelebte Religiosität ist zumeist der Göttin *Maria* gewidmet. Die protestantische Kirche hat zwar keine Göttinnen (meine ganze Kindheit hindurch starrte ich auf die vier gemalten Propheten an der Kirchenwand und sehnte mich danach, in einer erhabenen Religiosität irgendwie als Frau vorkommen zu können), dafür läßt sie Priesterinnen zu, und die kommen mächtiger denn je zum Zug.

Meine Suche nach Ahninnen, Göttinnen, Vorfahrinnen wurde zu einer Abenteuerreise in die Geschichte der Menschen, der Frauen. Von Marija Gimbutas, der Archäologin, und Marie König, der Frühgeschichtsforscherin, in die Ur-Zeit geführt, war ich jetzt hellwach für Erscheinungen weiblicher Kraft. Ich durchstreifte Museen, Ausstellungen, Wallfahrtskirchen, Märkte, Auktionshäuser, Antiquitätengeschäfte, Galerien, Trödelläden, Flohmärkte, Bäckereien, Modegeschäfte, die Rock- und Popkultur, Kinos, Kneipen – und siehe da: überall Göttinnen.

Ich verabschiedete mich endgültig von der Herrschaftsgeschichte, die genau wie Herrschaftsreligion so unfehlbar daherkommt und verlogen und so löchrig wie Schweizer Käse ist, und tauchte ein in die zu Randerscheinungen degradierten, zu lächerlichem, läppischem Kinderkram gemachten Märchen. Ich rekonstruierte Geschichte aus den Geschichten, Erzählungen, Legenden, Witzen, Kinderspielen, Kinderreimen, Liedern, Volkssagen, Namen von Bergen und Orten und Felsen, aus Sagengestalten, Tabus und Geheimnissen, und überall, überall fand ich sie – die Göttinnen.

Die Namen der Göttinnen und Ahninnen, der Dämoninnen und Feen sind unsere Geschichte, sind die Facetten weiblicher Eigenschaften und Fähigkeiten. Indem wir sie wiederentdecken, legen wir unsere Kräfte frei. Indem wir sie feiern, feiern wir uns selbst in allen Erscheinungsformen. Indem wir sie benennen, schreiben wir die ununterbrochene Geschichte weiblicher Macht neu und holen sie uns zurück.

Forme Göttinnen aus Teig und lege in ihren Bauch einen gefalteten Pergamentzettel mit einer Zahl zwischen 1 und 366. Wenn die Göttinnen gebacken sind, kannst du entweder jeden Tag selbst eine aussuchen und dir die Botschaft der entsprechenden Göttin zu Gemüte führen (1 ist der 1. Januar, 366 der 31. Dezember, gerechnet bei einem Schaltjahr, in dem der Februar 29 Tage hat). Oder du kannst die Göttinnen deinen Freundinnen anbieten, vielleicht in einem Ritual, das ihr gemeinsam feiert, so daß jede einen Orakelspruch über die jeweilige Göttin bekommt.

Schlag das Buch an einer beliebigen Stelle auf und deute blind mit dem Finger auf eine Stelle der aufgeschlagenen Seite. Lies den ganzen Satz und interpretiere ihn für dich. (Dieses Orakel kannst du mit jedem Buch machen.)

Bitte eine Freundin, einen Monat zu nennen und eine Zahl zwischen 1 und 31. Schlag den Monat und den Tag auf und lies, welche Göttin mit welcher Kraft beschrieben ist.

Bitte ein Kind, dir eine Zahl zwischen 1 und 366 zu sagen, und suche die entsprechende Göttin dazu. Du kannst dir auch zuerst eine Zahl zwischen 1 und 12 (das ergibt den Monat) und dann eine zwischen 1 und 31 sagen lassen.

Sammle 366 Kieselsteine, zieh einen Kreis mit einem Stock auf der Erde oder mit einer Schnur im Haus. Wirf die Steine in den Kreis und zähl die, die aus dem Kreis herausfallen. Die Zahl, die im Kreis verbleibt, ist die Zahl der Göttin, die dir ein Orakel mitteilt.

Diese Orakel machen Spaß, sind spielerisch und geeignet, deine Fähigkeit zum Spinnen, Träumen und Verwirklichen anzuregen. Als ernsthafte religiöse Vorschriften eignen sie sich so wenig wie sonst irgend etwas, das ich geschrieben habe.

Ein Göttinnenritual

Ein Kreis aus Blättern, aus Ästen, aus Mehl gestreut, aus Tüchern, aus Steinen oder aus Göttinnenbildern begrenzt den Raum. In die

Mitte kommen Früchte, Amulette, Gegenstände, die aufgeladen werden sollen, eine Wasserschale, eine Kerze (oder ein kleines Feuer im Freien), eine Schale mit Erde und eine Schale, in der Salbei oder Rosmarin oder anderes Räucherwerk abgebrannt werden.

Alle beteiligten Frauen haben sich eine Göttin mitgebracht, deren Namen sie singen wollen. Zuerst werden die Elemente und die Himmelsrichtungen gerufen, dann fängt eine an und singt den Namen ihrer Göttin, eine andere kommt dazu, bis schließlich alle Frauen ihre Namen singen. Je mehr Frauen zusammenkommen, um so schöner und machtvoller wird der Gesang. Wenn er irgendwann verklingt, bedanken und verabschieden sich alle. Der Kreis wird von allen aufgelöst, die Gegenstände werden aus der Mitte genommen.

Eine Variante: Anstatt nur zu singen, können auch alle um den ausgelegten Kreis herumtanzen.

Die Form des Rituals ist nur ein Vorschlag und soll die Phantasie anregen, immer neue, erfindungsreiche Ritualformen entstehen zu lassen.

Laß dir was einfallen!

Der Begriff Göttinnen umfaßt für mich Frauen, die irgendwann einmal gelebt haben oder belebt wurden, die verehrt wurden, als Vorbilder galten – lebendige weibliche Energie, die sich manifestiert in realen Frauen, in Ahninnen, in Legenden- und Sagengestalten, in der Literatur. Frauengestalten, die vielleicht mythisch oder religiös überhöht wurden, Frauen, die wir lieben und von denen wir lernen.

Ich habe 366 Namen aus allen Kulturen der Erde zusammengetragen und auf die Tage des Sonnenjahres verteilt. So können diese 366 Facetten weiblicher Kraft jeden Tag des Jahres erlebt, erforscht, erspürt und nachgelesen werden. Du kannst Orakel mit ihnen machen, ihnen kleine Schreine oder große Gärten anlegen, du kannst sie rufen, feiern, malen, gestalten. Du kannst dir diese vielen Aspekte weiblicher Lebendigkeit in dein Leben holen, dich daran stärken oder dieses Buch einfach als Göttinnen-Lexikon benutzen (ein alphabetisches Verzeichnis mit den Seitenzahlen findest du im Anschluß an die 366 Namen und Tage).

Ich habe die Göttinnen nicht besonderen Feiertagen zugeordnet, sondern habe sie nach eigener Lust und nach meinem Empfinden den Tagen und Monaten zugeordnet. Es steht jeder Frau frei, die Göttinnen neu aufs Jahr zu verteilen und ihren eigenen Festkalender zu schaffen.

Da es mich nervt, wenn Frauen als „Frau von" oder „Tochter von" beschrieben werden, habe ich auch die Göttinnen weitgehend aus ihren Beziehungen herausgelöst und beschreibe sie in ihrer ur-eigenen Erscheinungsform, in ihren Eigenschaften und ihrer Gestalt, ohne sie zuzuordnen.

Über manche der Göttinnen habe ich nur sehr wenig Informationen gefunden. Dieses Buch soll auch eine Anregung für alle Frauen sein, weiterzuforschen, sich mit der Geschichte von Frauen zu beschäftigen und sie damit lebendig zu machen.

Januar

1 DAO
China

Dao oder Tao, von der sich der Taoismus ableitet, ist in China seit Urzeiten das Weiche, das Sanfte, das nicht Gestaltete, nicht Formbare, nicht Beschreibbare, die weibliche Kraft, das pure Sein. Dao ist die nicht personifizierte zyklische Energie, das Werden und Vergehen, das nicht Benennbare, das in jeder Frau gelebt wird, die Einheit mit dem Zyklus des Universums, mit allen Wesen der Natur. Dao wird häufig auch als „die Mutter" bezeichnet.

Dao wird in Zukunft zur wichtigsten Kraft in der Transformation menschlichen Zusammenlebens: Es geht darum, die Einfachheit und die Einheitlichkeit des Tao in sich zu bewahren, wie das Tao einem Tal zu gleichen, wie das Tao männlich und weiblich, Yang und Yin zugleich zu sein und dabei dann von diesen beiden Möglichkeiten der Weiblichkeit den Vorzug zu geben, weil ihr die größte Wirkkraft zukommt, wie es in einem alten taoistischen Dokument heißt.

Zu Dao kannst du nicht gehen, nicht durch Tun begegnest du ihr, sondern durch Da-Sein, durch Wahrnehmen der Zustände, der Dinge, der Energien, wie sie sind, durch waches Begleiten deines Atems, deiner inneren Bewegungen, deiner Gefühle, deiner Gedanken.

2 SARAKALI
nomadische Völker Europas und Indiens

Sarakali ist die Göttin, die von „Zigeunern", von nomadischen Menschen verehrt und jährlich bei der großen Zeremonie in Sainte-Marie-de-la-Mer in Südfrankreich gefeiert wird. Sie gilt als schwarze Madonna, als Heilige, als Göttin, als Retterin und Helferin in allen Nöten und Schwierigkeiten. Obwohl ihre Statue einer Marien-Figur gleicht, stammt Sarakali von der indischen Kali (siehe 3. November), dem dunklen Aspekt aller Hindu-Göttinnen.

3 Banshee
Irland

Die Banshee ist die Königin der Feen und Elfen, die Gebieterin des kleinen Volks. Sie ist eine irisch-keltische Vegetationsgöttin, dargestellt in Grün und Gold. Sie sitzt auf Feenhügeln (steinzeitlichen Gräbern) und Findlingen (einzelnen großen Steinen, meistens sind das Kultsteine einer alten Zeit). Auf Irisch heißt die Banshee Bean-Sidhe (Sidhe sind die Elfen und Feen), das heißt Frau vom Hügel. Sie wird gerufen, um das eigene Schicksal, den Ausgang von Ereignissen zu erfahren.

An Halloween tanzt sie mit ihrem Volk auf den Hügeln, und wehe, sie wird verlacht, verspottet oder schlecht gemacht. Sie öffnet die unterirdischen Reiche für die Närrischen, die Wahrhaftigen, die Spielerischen.

New Grange in Irland ist einer ihrer Aufenthaltsorte. Wer zu ihr geht, tanzt und singt, nimmt aber nichts zu essen an. Denn wenn du mit dem kleinen Volk ißt, kehrst du nicht mehr zu den Menschen zurück.

4 Onile
Nigeria

Onile ist ein Erdgeist, eine Erdgöttin der Yoruba. In fast allen Beschreibungen, die es über Onile gibt, wird sie männlich definiert, aber alle Figuren, die ich von ihr gesehen habe, sind sehr deutlich mit Brüsten und Vagina ausgestattet.

Das Mißverständnis rührt vermutlich von ihrem Bart. Onile gehört zu den bärtigen Frauen, wie sie auch in den Mythen der amerikanischen UreinwohnerInnen oder in russischen SchamanInnengeschichten vorkommen.

Onile sorgt für Wachstum, für das Aufgehen der Saat, für die Kraft aus der Erde, für Nahrung und guten Stand.

5 Befana
Italien

Am 5. Januar hängen in Italien viele Frauen eine Fetzenpuppe vor das Fenster oder an die Tür – eine Huldigung an die Wintergöttin Befana. Sie regiert die dunkle, kalte Zeit, sie wacht über die Erinnerungen, die tief verborgenen Bilder der Seele, sie steht für die Wahrhaftigkeit, sie schaut hinter alle Lügen und Fassaden. Wenn Befana bis zum nächsten Winter wieder in die Unterwelt zurückkehrt, verschließt sie auch die Tore zu ihren Geheimnissen. Wer Befanas Geheimnisse ergründen will, sollte sie zur Wintersonnwende rufen, sie mit bunten Speisen füttern und ihr eine Puppe aus Stoffresten und Fetzen nähen.

6 Percht
Alpenraum Österreich, Deutschland und Schweiz

Die Percht ist eine Unterweltsgöttin, eine Seelenführerin, die Anführerin der wilden Jagd. Zu ihr gehören der magische Spiegel, der Wagen, mit dem sie den Erdball umrundet. Hunde sind ihre Tiere, weiße Speisen ihre Lieblingsnahrung. Ihre Zeit ist die Zeit der Rauhnächte zwischen dem 25. Dezember und dem 6. Januar. In dieser Zeit darf nicht gewebt, geputzt, gesponnen und gewaschen werden, denn sie ist auch die Schutzgöttin der Frauen und sorgt dafür, daß sie nicht zuviel arbeiten.

Zu ihr kommen Frauen, die ausgebeutet, geschlagen, malträtiert, überfordert werden. Zu ihr kommen alle wilden Frauen, um sich von ihr Kraft zu holen.

Die Percht holt kleine Mädchen, gibt ihnen Wissen mit auf den Weg und entläßt sie wieder in die Menschenwelt, in der sie dann stark und froh werden. Sie wohnt in Berghöhlen, auf Felsen, in dunkler Klamm, auf unzugänglichen Bergkämmen. Sie ist Gebieterin über Leben und Tod. Wer stirbt, wird von ihr gerufen. Wer leicht sterben will, ruft sie.

7 **SARASWATI**
Indien

Der heilige Ort der Göttin der Wasser, Saraswati, ist der Rishikund, eine eiskalte Quelle im sonst schwülen Rishikesh. Saraswati ist nach hinduistischer Lehre die Schöpferin der Wasser in der Welt, sie gehört zu einer Triade von Wassergöttinnen: Ganga (siehe 8. August), Yamuna (siehe 30. Januar) und Saraswati. Wer aus ihrer Quelle drei Schluck Wasser trinkt, hat ihren Segen und wird reich und gesund. Sie steht auch für die Künste, hat das Schreiben erfunden und ist in Indien die Schutzgöttin der Intellektuellen. Durch ihre Worte kommt alles in die Welt, was gerufen wird.

8 **ERINNYEN**
Griechenland

Unsterbliche schwarze Frauen mit Schlangenhaaren und giftigem Blut, das von ihren Augen tropft, sind die drei Erinnyen-Schwestern Allekto (die Rastlose), Megäre (die Neidische, Zornvolle) und Tisiphone (die Rächerin des Mordes). Sie sind die Töchter der Nacht und symbolisieren die Gewalt, die Wut, die giftigen Gefühle der Frauen. Bellende Hündinnen sind ihre Tiere. Sie sind auch die Starken, die die matriarchale Welt zusammenhalten, indem sie die Frauen immer wieder herausfordern, sich mit ihrem Zorn, ihrem Neid, ihren Rachegefühlen und ihrer Giftigkeit zu konfrontieren. Sie sind Urkräfte der Frauengemeinschaften. Wir tun gut daran, von ihnen zu lernen.

9 **YONI**
Indien

Yoni ist die Göttin des weiblichen Geschlechts, ja das Weibliche schlechthin, die Vulva, die Muschel. Sie wird durch ein Oval, einen

Fisch, eine Raute, ein Dreieck, ein Hufeisen oder durch einen ovalen schwarzen Stein dargestellt. Das Symbol der Göttin Yoni ist zugleich auch der Beginn der Sprache, das Dreieck als Beschreibung der Göttin (wie Marija Gimbutas aufgezeigt hat). In Indien sind der Göttin viele Wegschreine gewidmet, oft in Form einer Vulva. Jede Frau kann die Göttin natürlich mit ihrer eigenen Vulva ehren.

10 ARIADNE
Griechenland

Sie ist die Göttin des Labyrinths und des roten Fadens. In der griechischen Sage ist sie die Tochter des Königs Minos und der Königin Pasiphae. Dieser fürchterliche König hielt sich den Minothaurus, eine Art Mißgeburt oder Kopfgeburt, dem jedes Jahr sieben Jungfrauen und sieben Jünglinge geopfert wurden. Ariadne kam auf den naheliegenden Gedanken, dem jungen Helden Theseus einen Faden ins Labyrinth des Minothaurus mitzugeben, damit er wieder herausfindet, wenn er ihn gefunden und getötet hat. Es gibt Spekulationen, die den Minothaurus in das Reich der Lügen verweisen und Minos als lüsternen Sadisten sehen, der sich daran weidete, wenn die geopferten Frauen und Männer sich verirrten und elend umkamen. Ariadne ist damit auch die Kämpferin gegen den ungerechten Vater, die Listige, die Wissende. Nicht Kampf, sondern Verstand ist hier ausschlaggebend. Theseus – wen überrascht es – nahm Ariadne zwar mit, setzte sie aber auf einem Felsen auf Naxos aus, wo Diana sie fand und rettete.

11 SWAIXDUNOKA
Deutschland, Osteuropa

Als Sternengöttin regiert sie den Nachthimmel, bringt die Sterne in ihre Bahn und entschlüsselt die Botschaften der Sterne für die

Menschen. Sie wurde vor allem von den alten Preußen angebetet. Sie brachte den Wind, die Wolken und die Nebel und reiste mit der Nacht. Die Mutter der Winde, die in manchen osteuropäischen Märchen vorkommt und alles auf der Welt kennt und weiß, ist die Göttin Swaixdunoka.

12 TLAZOLTEOTL
Südamerika

Die „Schmutzige Frau", die Göttin der Magie und der Sexualität, wurde von den Azteken hoch verehrt. Sie war auch für Glücksspiele und Schadenszauber verantwortlich. Allerdings mußten alle, die sich bereichert und mit Magie ihr Leben verändert hatten, einen Tag ihres Lebens der Göttin Tlazolteotl widmen und ihr alles gestehen, was ihnen auf der Seele lastete. Da dieser Tag oft tödlich endete, schob man ihn so weit wie möglich hinaus. Es galt aber als unheilvoll, zu sterben, ohne den Frieden mit Tlazolteotl gemacht zu haben. Sie ist die Schutzgöttin der freien, kühnen, selbstverantwortlichen Frauen.

13 RUBY PLENTY CHIEFS
Crow/Cree, USA

Eines der größten Verdienste der Schriftstellerin Lynn Andrews ist die Beschreibung der Medizinfrau Ruby Plenty Chiefs, die in der mythischen Realität der nordamerikanischen UreinwohnerInnen ein Vorbild hat. Ruby ist blind, sieht aber mit ihrer Haut, mit ihren Händen und Füßen und ihren Sensoren mehr als alle Sehenden. Sie ist unflätig, respektlos, im richtigen Moment voll da, spöttisch, übermütig und weise. Einem Mann, der bei ihr lernen will und glaubt, mit Geld alles, auch die Weisheit kaufen zu können, trägt sie auf, ein tiefes Rechteck zu graben. Als er fertig ist, muß er ihr alles Geld geben, das er hat, und dann sich in die Grube legen. Sie fängt an, Erde über ihn zu schaufeln. Als er merkt, daß er lebendig begraben wird, nimmt er Reißaus. Das ist Ruby Plenty Chiefs. Immer gut für einen tiefen Lernprozeß...

14 Hsi Wang Mu
China

Die „Königin des Westens" im alten China lebte in den Kun-lun-Bergen, wo alle paar tausend Jahre an einem Pfirsichbaum Früchte reif wurden – das wurde als großes Fest der Göttin Hsi Wang Mu gefeiert, und die Pfirsichkerne wurden zum Symbol für die Unsterblichkeit, die die Früchte schenkten. Oft wird Hsi Wang Mu mit Tigerkopf oder -zähnen und wilden Haaren dargestellt. Sie gilt als Schutzgöttin der Weiblichkeit. Sogar Guanyin (siehe 3. Juli) wurde oft mit dem Pfirsichkern der Hsi Wang Mu abgebildet. Eine Kette aus Pfirsichkernen gibt Frauen die Kraft dieser Göttin-Dämonin.

15 Walkyren
Deutschland

Hüterinnen des Totenreichs, kämpferische Frauen unterschiedlicher Anzahl, manchmal sind es neun, manchmal zwölf, im germanischen „Lied von Grimnir" sind es dreizehn, die die „gefallenen Helden" ins Totenreich begleiten und sie dort bewirten: Hrist, Mist, Skeggjöld, Skögull, Hildr, Thrudr, Hlökk, Herfjötur, Göll, Geirölul (auch Geirrömul oder Geirahöd), Randgridr, Radgridr und Reginleifr. Die berühmten Walküren Brynnhild und Sigrun tauchen nur in der germanischen Heldendichtung auf. Der Name der Walkyren könnte vom altenglischen *waelcyrge*, auswählen, kommen. Sie sind unüberwindlich stark, weissagend, hellsehend. In den ältesten Mythen sind sie Totendämoninnen, die die Grenze zwischen Leben und Tod spielend überschreiten und dabei den noch Lebenden helfen können.

16 TANNA

Südtirol

In den Dolomiten wohnt diese Steinkönigin. Sie ist die Hüterin aller Felsen, Steine und Edelsteine. Sie hat keine Gefühle, kein Bedauern, keine überschwengliche Freude. Sie ist einfach da. Läßt Geröllawinen abgehen, wirft Felsen ins Tal, hält die Steine zusammen. Einmal verirrte sich ein Hirte und drohte abzustürzen, da geschah etwas Seltsames: Tanna zeigte Mitleid und half dem Hirten, sie verliebte sich in ihn, und er versprach, sich niemals von ihr zu trennen. Sie beschloß, das Reich der Steine zu verlassen, doch als sie ins Dorf kam, hatte der Hirt längst eine andere Frau und erinnerte sich nicht mehr an Tanna. Es dauerte lange, der Hirt war längst tot und vergessen, bis Tanna ins Reich der Steine zurückfand und wieder als die Steinkönigin angenommen wurde. Sie wohnt weiterhin zwischen den Steinen, und es heißt, daß sie nur noch Frauen erhört, weil sie von einem Mann betrogen wurde.

17 SKADI

Skandinavien, Deutschland

Die altnordische Göttin Skadi ist eine Riesen-Tochter und für die Jagd, die verschneiten Berge und das Skilaufen zuständig. Sie ist die Wintergöttin, die innere Ruhe und Weisheit bringt. Höhlen sind ihre Orte und Wurzeln ihre Verbündeten.

18 TANFANA

Friesland, Westfalen

Im Bereich des Flusses Lippe war das wichtigste Kultgebiet der Feuergöttin Tanfana. Sie wurde als wahrsagekundige, zukunftweisende Göttin verehrt. Die Silbe *Tan* steht für das Schicksal und *fan* für mächtig. So ist sie wohl als Schicksalsgöttin anzusehen. Ihre

Ihre Verehrung wurde erstmals von Tacitus beschrieben. Feuer wurden für sie entzündet.

Feuerorakel sind das Mittel, von ihr die Zukunft zu erfahren (das Feuer wird zu diesem Zweck heruntergebrannt bis zur Glut, dann wird Tanfana gerufen und die Glut, die sich bewegt und knackt und arbeitet, mit ihrer Hilfe gedeutet, indem die entstehenden Bilder interpretiert werden).

19 SIEWA
Osteuropa

Die slawisch-wendische Göttin der Nahrung und der Geburt, auch eine Erdgöttin, wurde in Höhlen verehrt. Sie wurde zu Geburten und bei schweren Krankheiten oder Unglücksfällen gerufen. Steine wurden ihr geopfert.

Eine alte Frau aus Böhmen erzählte mir, daß Siewa auch Schwellenopfer gebracht werden: Frucht oder Speise wird vor die Schwelle gelegt, damit Siewa das Haus schützt.

20 RONA
Maori, Neuseeland

Obwohl der Mond der Maori ein Mann ist, ist Rona eine Mondgöttin. Sie ging zum Meer und stieß sich an einem Stein, weil der Mond verhüllt war. Sie fluchte und schimpfte auf den Mond, der herabkam, um mit ihr zu sprechen. Der Sage nach ließ sie sich vom Mond in einem Weidenkorb zum Himmel hinaufholen, wo sie jetzt auf der Mondfläche lebt und zu den Menschen hinunterschaut.

Da sie irdisch ist, versteht sie die Probleme der irdischen Frauen und hilft ihnen. Aus offensichtlichen Gründen wird sie bei Vollmond gerufen. Rauchopfer und Federn werden ihr dargebracht.

21 **LIA**

Aborigines, Australien

Die Frauen am Murumbidgee-Fluß waren unzufrieden: Immer sollten sie nur ihre Männer versorgen und deren Bedürfnisse befriedigen. Lia gefiel das am allerwenigsten. Sie entdeckte eines Tages, als sie ihren Grabstock in die Erde schob, daß die Erde zu ihr sprach. Als die Männer am nächsten Tag fortgingen, spielte sie mit dem Wasser des Flusses, die Frauen benetzten ihre Haut, badeten die Kinder, sie spielten und lachten. Lia probierte, was die Erde ihr gesagt hatte, und entdeckte, daß sie magische Kräfte erworben hatte. Sie konnte das Wasser des Flusses anschwellen lassen. Der Fluß wurde unüberwindbar breit. So kam es, daß am Abend die Männer zurückkehrten und riefen, aber – sie waren am anderen Ufer. Die Frauen zogen fort und gründeten ein Dorf der Frauen. Lia war die Gründerin dieser Frauengemeinschaft.

22 **BUTO**

Ägypten

Ihr heiliges Tier ist die Maus. Buto nahm Bubastis (siehe 28. Juli) und Horus, die Kinder von Isis auf, als Typhon Isis verfolgte. Sie ist die Göttin der Orakel, der Freundschaft zwischen Frauen und des Schutzes und wurde besonders in der nach ihr benannten Stadt Buto am Nil verehrt.

23 **MORRIGAN**

England, Irland, Wales, Bretagne

Die keltische Todesgöttin Morrigan, oft auch in Gestalt der Fata Morgana, also Morgana der Schicksalsgöttin (siehe 2. Juli) verehrt, ist eine von neun Schwestern (hier gibt es eine Ähnlichkeit zu den Musen und der alten Walkyrenzahl). Sie lebt in Teichen, Seen und auch in unbeschreiblichen Palästen im Meer. Morrigan hütet die Zaubersprüche und die Flüche. Das altenglische Wort *glamor* für Zauberspruch stammt von Morrigans Kultort Glamorgan in Wales.

24 **QUIES**
Italien

Die römische Göttin der Ruhe, die den Frauen Besinnung und Stille schenkt, wird angerufen, wenn etwas in der Stille wachsen soll. Sie glättet die Wellen, beruhigt den Wind, befriedet die Menschen, schlichtet den Streit. Gute Düfte und Räucheropfer werden ihr dargeboten.

25 **H'URARO ATIRA**
Pawnee, USA

Den Pawnee war H'uraro, die Erdgöttin, die Gebieterin über Leben und Tod schlechthin. Sie ist die Erde, unter ihrer Erd-Haut liegen die Steine als ihre Gebeine, der Wind ist ihr Atem. Viele Pawnees weigerten sich, Steinbruch- oder Holzfällerarbeiten zu verrichten, weil sie es als Verletzung ihrer Mutter empfanden. Der Mais ist ihr heilig, denn er ist ihre Tochter (Uti Hiata). In heiligen Zeremonien wird die Maisernte gefeiert. Maiskörner in Medizinbeuteln bringen Gesundheit und Wohlstand.

26 **PARVATI**
Indien

Die Göttin der Schönheit, des Glanzes, der Heiterkeit wird oft als die weibliche Hälfte von Shiva dargestellt. Zu ihr, der Tochter des Himmels, dem jungfräulichen Aspekt Kalis, kommen die Hindi-Frauen, um glücklich und schön zu werden. Parvati gilt manchmal auch als Tochter des Himalaya. Sie hat keine eigenen Tempel, nur kleine Schreine am Weg und in Tempelanlagen. Frauen, die von innerer Schönheit strahlen wollen, wenden sich an Parvati.

27 SUDICE
Osteuropa

Diese „Weise Alte" erscheint hellhäutig, mit weißen Haaren, weiß gekleidet vor allem bei Geburten. Sie ist eine Art gute Fee, die Frauen hilft und Wünsche erfüllt. In vielen Märchen ist sie die gute alte Frau, die einem verirrten Kind hilft, einer jungen Frau zu einem Lernprozeß verhilft. Eitle, eigennützige, gierige Absichten unterstützt sie allerdings nicht. Wer ihre Botschaften nicht versteht, wer, wie es so oft in Märchen heißt, nicht „reinen Herzens" ist, kann durchaus schmerzhafte Erfahrungen mit Sudice machen.

28 AUFANIAE
Deutschland, Spanien

Die keltische Göttin der Fülle und des Überflusses wurde hauptsächlich am Niederrhein verehrt, wo eine Stele und Inschriften für sie gefunden wurden. Es gibt aber auch Spuren dieser Göttin im alten Spanien: Hauptverehrungsort war Guadalquivir. Frauen rufen Aufaniae, wenn sie Not leiden oder wenn sie Bedürfnisse haben, von denen sie nicht wissen, wie sie diese erfüllen könnten.

29 TUONETAR
Finnland

Wer zu Tuonetar, der Todes- und Krankheitsgöttin, gelangen will, muß einen schwarzen Fluß durchqueren, sieben Tage durch Buschwerk, sieben Tage durch Wald und sieben Tage durch dichten Urwald gehen. Leicht ist der Kontakt mit dieser furchterregenden Göttin nicht, denn sie weiß zwar gegen jede Krankheit ein Mittel und kennt alle Erreger und alle Heilmethoden, aber die schamanische Reise zu ihr kann auch tödlich enden. Sie braut einen Zaubertrank aus Fröschen und Würmern, wer ihn überlebt, wird unsterblich und weiß alle Sprachen und alle Geheimnisse. Aber wer überlebt ihn?

30 Yamuna
Indien

Sie ist eine der drei Wassergöttinnen-Schwestern (die beiden anderen sind Ganga, siehe 8. August, und Saraswati, siehe 7. Januar). Die Göttin Yamuna ist zugleich auch der Fluß. Viele Wallfahrtsorte und Tempel liegen an seinem Lauf, in denen der Göttin gehuldigt wird. Yamuna werden, wie Ganga, Schiffchen aus Pflanzenblättern mit Blüten und Butterlampen geopfert, die alle Sorgen forttragen und der Göttin anvertrauen. Waschungen in der Yamuna sind so heilig und heilsam wie in der Ganga.

31 Zilsbog
Osteuropa

Diese von den Wenden verehrte Mondgöttin wird auch für die Fruchtbarkeit der Felder und die Gesundheit des Viehs angerufen. Ausschweifende Feste zu Vollmond, bei denen Früchte, Nüsse und Gebildbrote (Symbole, Frauenkörper oder Tiere als Kuchen oder Brot gebacken) dargeboten werden, sollen die Göttin froh stimmen. Bei Neumond wird sie mit Gesängen gerufen. Zilsbog vertritt das Zyklische im Leben, die Erkenntnis, daß alles kommt und geht und nichts bleibt.

FEBRUAR

1 CERIDWEN
England, Irland

Sie wird auch Creirwy genannt und hat eine Tochter, Llywy. Mutter und Tochter werden in den keltisch-druidischen Kulten sehr verehrt. Ihr Attribut ist ein Kessel, sie ist die Hüterin der Säue. Alte Mythologielexika sehen einen Zusammenhang zwischen Ceridwen und Kali (siehe 3. November), aber auch zu Ceres (siehe 21. April) gibt es Verbindungen. Ceridwen ist die Göttin der Erde, der Ernte, des Getreides, der Fruchtbarkeit. Über ihre Tochter Llywy muß sie sich mit dem Sterben und dem Verlieren auseinandersetzen. Sie ist die klassische Saugöttin, die ihr Geschlecht als Abwehr böser Kräfte und zur Belustigung ihrer Verehrerinnen einsetzt. Sie ist die sinnliche, erdige, unerbittliche Hüterin weiblicher Macht.

2 BRIGID
England, Schottland, Wales, Irland, Bretagne

Diese keltische Ur-Göttin hat in vielen Gestalten und Namen überlebt: als heilige Brigitte im Christentum, als Brigantia im Angelsächsischen, als Bride in Schottland, als Brigandu in der keltischen Bretagne. Die Göttin Brigid ist zuständig für die Poesie, für die Schmiedekunst, für Inspiration und Heilung. Sie ist die Göttin mit dem berühmten Kessel, aus dem sie alles schöpft, was eine braucht. In Kildare ist Brigids heiliger Schrein, das Feuer wurde von neunzehn jungen Frauen bewacht. Und so kann Brigid mit einem Feuer oder durch einen Kessel gerufen werden.

3 EPONA
Europa

Diese sehr beliebte keltische Pferde-Göttin wird überall in Europa verehrt und hat viele Schreine und heilige Plätze. Einer der bekanntesten Orte ist Stuttgart – der Stutengarten der Göttin Epona. Lady Godiva, die durch die Rolling Stones eine gewisse Popularität gewann, ist keine andere als die Stutengöttin Epona. Sie ist die unabhängige, kühne, wilde Frau, die sich nicht zähmen läßt. Sie wird gerufen, wenn Frauen Mut und Kraft brauchen und endlich selbst die Zügel in die Hand nehmen wollen.

4 Rinda
Nordeuropa

Weiß wie die Sonne erscheint Rinda jeden Wintermorgen und zieht sich am Abend wieder zurück. Sie ist die winterliche Erde, die Kargheit, die strahlende Helligkeit von Schnee und Eis auf der Erde. Der Sage nach lehnte sie es ab, vom Gott der Fruchtbarkeit umarmt zu werden. Sie steht für die Kraft der Frau, die allein bleibt, für das in sich geschlossene Universum des Weiblichen.

5 Guinevra
Wales, Irland

Die dreifache keltische Erdgöttin Guinevra, auch Cunnevare, wird vor allem in Wales verehrt, wo auch gesagt wird, daß sie König Artus' Frau wurde. Artus mußte sich mit der Erde verbinden und warf sich Guinevra zu Füßen, die ihn zum König machte. Erdhügel und Grabhügel sind ihre Kultorte. Die Frauen in Wales schenken ihr noch heute Mistelzweige, um von ihr Segen zu erbitten.

6 Tin Hinane und Kella
Tuareg, Algerien

Bei den algerischen Tuareg gibt es einen Ursprungsmythos der Kel-Tuareg, der auf die beiden Stammesgründerinnen Kella und

Tin Hinane zurückgeht. Nicht nur jede Targia – die sowieso –, sondern auch jeder Tuareg, der auf sich hält, stammt von diesen beiden Stammesmüttern. Daß es zwei Frauen schaffen konnten, einen Stamm zu gründen, wird im Mythos überhaupt nicht angezweifelt. Sie legten Gärten an, brachten die Weberei, die Töpferei und die allerschönsten Schmucksteine in die heutige Sahara. Sie lehrten die Tuaregfrauen, Geschichten in ihre Stoffe zu weben und ihre Töpfe mit Zaubersprüchen mächtig zu machen. Sie gelten als die Urmütter weiblicher Gemeinschaften.

7

Boadicea
England

Im ersten Jahrhundert nach unserer Zeitrechnung lebte die Kriegerin und Königin Boadicea. Als die Römer im heutigen England einfielen und die Menschen dort unterwerfen wollten, trommelte sie ein Heer von Männern und Frauen zusammen und führte sie siegreich gegen die römischen Heere, die zuvor das Land geplündert und ihre beiden Töchter mißbraucht hatten. Obwohl Boadicea die zweite Schlacht gegen die Römer verlor und sich selbst tötete, um der Gefangenschaft zu entgehen, wurde sie zum Vorbild für alle Frauen, die einen Kampf durchzuführen haben. Ihr Grab in der Hampstead Heath in London ist Wallfahrtsort für Frauen, die ihre Eigenmacht entwickeln und leben.

8

Vila
Osteuropa

Die Waldgöttin Vila, auch Samovila genannt, wird hellhäutig mit goldenen Haaren bis zur Erde und Flügeln beschrieben. Sie lebt im Wald mit den Tieren des Waldes als Gefährten. Sie spricht die Sprache der Tiere und wacht über sie. Gelegentlich stellt sie einen Jäger, zieht einen Kreis um ihn und tanzt ihn zu Tode. Auch Steinschlag und Herzversagen löst sie aus, wenn Natur zerstört, Tiere getötet und damit ihre Wut geweckt werden.

Sie könnte die Schutzgöttin der Ökokämpferinnen werden. Wer scheinbar aussichtslose Kämpfe gegen Umweltzerstörung führt, kann Vila rufen.

9 DRYADEN
Griechenland

Diese Baumgöttinnen leben in Bäumen und sterben mit ihnen. Sie altern nicht. Sie können göttliche Speisen schenken. Sie lieben es, wenn getanzt und gesungen wird. Sie sind das Leben der Bäume. Wer die Bäume retten will, muß die Dryaden rufen und mit ihnen feiern und so die Lebenskraft der Bäume neu entfachen. Früher wurden den Dryaden kleine Altäre am Fuß, an der Wurzel des Baums aufgestellt. Aber am meisten lieben sie den Gesang.

10 PLEJADEN
Europa, Amerika

Für uns sind die Plejaden in erster Linie das Siebengestirn in der Nachbarschaft von Stier und Aldebaran.

Die sieben Schwestern, die wir jetzt am Himmel sehen, haben der Lakota-Sage nach früher einmal auf der Erde gelebt. Dort, wo heute der heilige Berg Devils Tower steht, wurden sie vom mythischen Grizzly angegriffen. Der Stein aber schützte sie und wuchs in den Himmel, so daß der Bär sie nicht erreichen konnte. Fortan lebten sie im Himmel. Jedes Tipi bildet im Inneren auch den Himmel mit den Plejaden ab. Interessanterweise ist die griechische Sage ähnlich: Orion jagte die Plejaden, und Zeus half ihnen, in den Himmel zu fliehen. Die sieben Schwestern verkörpern die gemeinsame Kraft von Frauen, die zusammenhalten, schwesterliche Liebe und Solidarität.

11 **VELEDA**
Deutschland

Die germanische Wahrsagerin war eine Fürstentochter, die von den Römern verschleppt wurde, aber ihre Freiheit aus eigener Kraft und aus eigenem Antrieb wiedererlangte: Von ihren hellseherischen Fähigkeiten war der römische Kaiser Vespasian so beeindruckt, daß er sie freiließ. Sie hatte große persönliche Macht und konnte bewirken, was sie wollte. Ihre Prophezeiungen wurden wie Sprüche einer Göttin angesehen. Sie lebte in einem Turm und ließ sich nie sehen. Möglicherweise ist Veleda die Zauberin, die Rapunzel lehrte.

Von ihr kann eine Frau das helle Sehen und das wahre Sagen lernen.

12 **QUITATZLI**
Mexiko

Die furchterregende Schlangengöttin, die das vierte Zeitalter einleitete, wird in Mexiko sehr verehrt. Zwillinge sind ihr heilig, denn auch sie hat Zwillinge geboren. Sie hütet Tod und Wiedergeburt. Sterbende rufen sie an, aber auch Menschen, die sich mit dem Tod auseinandersetzen.

13 **ECHO**
Griechenland

Echo ist eine Bergnymphe, die durch ihre Sprache, durch ihr Geplauder Menschen verzaubern und einschläfern kann. Wer sie ruft, hört immer nur die eigenen letzten Worte. Wer von ihr erhört wird, erlangt die Gabe der Überzeugungskraft und der Überredungskunst. Manchmal aber äfft sie die Menschen nach und verspottet sie. Gesang und Jodeln stimmen sie freundlich.

14 Sibylle
Griechenland, Deutschland

Die erste Sibylle, eine der be-geisterten Frauen, wurde von den Musen erzogen. Ihre Sprüche waren in Hexametern verfaßt und wurden später zu Büchern zusammengefaßt, den „Sibyllinischen Sprüchen". Sie wurde wie eine Göttin verehrt. Überall wurden ihr Altäre errichtet. Nach ihr wurden viele weissagende Frauen Sibyllen genannt. Auch in der Burg Teck auf der Schwäbischen Alb lebte eine Sibylle. Die Burg wurde von feindlichen Fürsten erobert. Sibylle wollte keinen von ihnen heiraten und zog es vor, in die Höhle unter der Burg zu ziehen (das Sibyllen-Loch). Von dort beriet sie die Menschen und half ihnen. Sie wird wie eine Volksheldin und Heilige verehrt.

15 Mboze und Bunzi
Zaire

Die Regengöttin und ihre Schlangentochter wurden in Zaire vor der Christianisierung sehr verehrt. Tänze und Rituale für Mboze, die Regengöttin, wurden vor allem von Frauen abgehalten. Bunzi, die heilige Schlange, brachte gute Ernten und Glück. In der Zeit der Missionare wurde Mboze dämonisiert und der Mythos verbogen. Nun hieß es, Mboze wurde von ihrem Ehemann erschlagen. Aber, erzählen die Frauen von Zaire, Bunzi lernte alles von ihrer Mutter und brachte den Regen. Frauengeheimgesellschaften verehren noch heute Mboze und Bunzi.

16 Ritu
Graubünden, Schweiz

Mit Freundinnen entdeckte ich im Bündner Land Hinweise auf diese Ur-Göttin, für die Feste gefeiert und Kleider geopfert wurden. Ritu, unsere Königin, heißt es in einer Anrufung. Sie wacht über das Wohl der Menschen und wird immer wieder reich beschenkt mit Brennholz, Schleiern, Kleidern. Das Wort Reitu heißt Hirtin. Möglicherweise entwickelte sich Ritu im Volksglauben in die Fee Madrisa (siehe 22. November). Über sie gibt es viele Geschichten, wie sie Menschen half und zum Beispiel aus Todesgefahr befreite. Sowohl Ritu als auch Madrisa sind Berggöttinnen. Interessant ist im Zusammenhang mit Ritu das Wort *Ritual* (Fest der Ritu?) und die alpenländische Jodlerform „Rituljö".

17 JEMAO
Haiti

Auf der zu Haiti gehörenden Insel Quisqueja wird die Sonnengöttin Jemao verehrt. Sie hat Tempel, in denen Idolfiguren ihre Kraft verkörpern. Besonders heilig sind schwarze Steine, in denen zu Urzeiten Gesicht und Hände der Göttin eingraviert wurden. Jemao ist die ganze Macht der Sonne, ihr Licht, ihr Feuer, ihre Lebenskraft.

18 SCYLLA
Griechenland

Die Meerdämonin Scylla, Tochter der Echidna (siehe 12. April), hat zwölf Füße, sechs Hälse und Köpfe, in jedem Kopf drei Reihen Zähne. Manchmal wird sie auch als riesige Frau mit einem Ruder und zwei Delphinschwänzen dargestellt. Offenbar ist sie eine Dämonin der Zahl Drei, eine Schwellengöttin, eine Hüterin von Übergangsorten. Sie lebt in der Meerenge zwischen Sizilien und dem italienischen Festland. Da der Weg zur Eigenmacht nur über die kühne Begegnung mit der größten Angst führt, ist Scylla eine hervorragende Lehrmeisterin. Wer ihr begegnet ist, kann über die Gefahren der Welt nur noch lächeln.

19 FÄNGGEN
Schweiz

Diese verspielten, übermütigen Bergkoboldinnen können den bergwandernden Menschen das Leben schwer machen. Hüte dich aber davor, sie zu beschimpfen oder herumzufluchen, das lieben sie nämlich und ärgern dich noch mehr. Sie wohnen in Felslöchern, auf sonnigen Plateaus, in den Bäumen. Sie werfen Steine, halten deine Füße in hervorstehenden Wurzeln fest, verwirren deinen Sinn, lassen dich den Weg verlieren. Am besten spielst du mit, behältst deine gute Laune und deinen Verstand und kannst sie dann sogar um einen Gefallen bitten, den sie gern erfüllen. Sie lieben Milch und sind deshalb oft in der Nähe von Almen.

20 CAER
Irland

Caer, die Schwanengöttin, war die Muse vieler Dichter, die sie gern in den See lockte, auf dem sie schwamm, und sie in Schwäne verwandelte. Ihre Lieder klangen so süß, daß jeder Mensch, der sie hörte, drei Tage und Nächte schlafen mußte. Dieser tranceähnliche Zustand war aber keine Bewußtlosigkeit, sondern die Schlafenden wurden durch Caers Reich geführt, und wenn sie erwachten, war ihr Bewußtsein klar. Caer ist die Schutzgöttin der Trance. Sie weckt die Poesie in Frauen, aber auch das Wissen um den Tod.

21 TULI
Samoa

Tuli ist eine Ursprungs-Vogelgöttin der Südsee. Sie flog über dem Ozean, und wo sie Kerne ausspuckte, entstanden Inseln. Sie schützte ihren Kopf mit Weinranken, aus denen kamen kleine Insekten, die schließlich die ersten Menschen wurden. Tuli ist die

Mutter der Menschen, die Schöpfungsgöttin, sie ist die, die vor allen anderen da war. Sie ist die Erste, die Be-Flügelte, Geflügelte. Sie ist zuständig für Träume, für die Leichtigkeit der Seele und für unsere Phantasie.

22 HEIDR
Nordeuropa, Deutschland

Heidr ist sowohl ein Eigenname einer germanischen Seherin als auch die Bezeichnung für Frauen, die hellseherische Fähigkeiten haben. Nicht nur hütet Heidr das helle Sehen, sie ist auch eine Zauberin und eine der mächtigen Gebieterinnen, die einen Zauber wirksam machen. Ihr Name bedeutet auch hell, strahlend und Ruhm.

23 ASCHERAT
Syrien, Iran, Palästina

Die große sumerische Göttin Ascherat hat viele Namen: Asherah, Ashnan, Asher... Ihr Name bedeutet Hain, und in Hainen wurde sie verehrt. Tempel wurden für sie erst gebaut, als patriarchale Machthaber die Bäume der Haine schlugen, um Kriegsschiffe zu bauen. Sie ist die Mutter alles Göttlichen, der Gesang, der laue Wind, die gute Ernte, sie ist die Fülle, das Gesetz, die Königin der Erde und des Himmels.

24 MAWU LISSA
Benin

Die Schöpfergöttin der Fon in Westafrika war ursprünglich die große Mutter, die gebiert, nährt und in den Tod führt. Sie trägt einen Stab mit einer Mondsichel und einer Sonne. Sie ist der Tag und die Nacht, die Wärme und der kühlende Schatten. Sie ist Schutz und Sicherheit.

Mit den Missionaren kamen die männlichen Ideale, und Mawu wurde zu Lissa, zum Schöpfergott. Lissa ist aber ihr Sohn/Liebhaber, der zugleich Teil von ihr ist. Ihre Statue steht, unverändert weiblich, im Museum von Abomey.

25 LUNA
Italien

Die römische Mondgöttin Luna verkörpert die zyklische Kraft, die Menstruation, die Vergänglichkeit, die Wellenbewegung der Gefühle. Sie ist zugleich Mond und menstruierende Frau, sie ist die Nacht und das Licht der Nacht. Sie regiert die Wasser der Welt und die Wasser des Körpers.

Durch ihre eigene zyklische Existenz macht sie die Notwendigkeit der Erneuerung und des Loslassens klar.

Da sie eine Königin der Nacht ist, kann sie auch Zauber wirksam machen.

26 ERKE
Deutschland

Die sächsische Frau Erke, Herke oder Erce, auch Frau Wod, ist eine wilde Vegetationsgöttin. Sie lebt in der Erde, verkörpert die Erde. Sie rächt jeden Naturfrevel, wenn sie gerufen wird. Und sie schützt Frauen, die sich mit der Natur verbünden.

Sie ist keine gemütliche, schöne, weiche Frauengestalt, sondern eine wilde, ungezähmte Erdkraft. Sie kann grausam, ja tödlich sein.

Frauen, die ihre wilden Kräfte sammeln, die kämpfen müssen, die der Zerstörung der Natur etwas entgegensetzen wollen, rufen Frau Erke.

27 LISTWOER UND BINGWOER
Nordeuropa

Diese beiden Wächterinnen der Unterweltsbrücke Gjallarbru, die zur Göttin Hel (siehe 13. November) führt, sind gräßlich anzusehen. Frauen, die immer noch glauben, das Weibliche sei sanft, empfangend, freundlich, hilfsbereit und sozial, sei ein Blick auf die beiden Hüterinnen der Hel empfohlen. Die beiden germanischen, durchaus weiblichen Dämoninnen spucken Feuer und Schwefel, die Schreie, die aus ihnen hervorbrechen, sind so grausam, daß sie das Blut stocken lassen, Hitze strömt von ihrer Haut aus, unter ihren Krallen nähren sie alles Ungeziefer der Welt. Wer sie furchtlos passiert, dem schenken sie etwas von ihrer Kraft. Wohlan!

28 MARI-AMA
Skandinavien

Die Todesgöttin Mari-ama wird mit einer Erntegabel oder einem Dreizack, einem Totenkopf und einem Seil dargestellt. Sie wird gerufen, wenn Kranke sehr leiden, aber auch, wenn Frauen Sterbende begleiten und mit ihnen ins Totenreich gehen. Ihr Altar besteht aus Knochen und Steinen.

29 SIMISTERLA
Rußland

Die Frühlingsgöttin Simisterla ist zugleich auch Wettergöttin. Sie ist zuständig für Regen, Wind und Sonne. Sie wird gerufen, wenn die Trockenheit oder allzu langer Regen der Saat schadet. Auch für Wetterzauber wird sie zu Hilfe gerufen. Ihr wird im Frühling der erste Kräuterkranz geflochten. Gerufen wird sie mit Vogelstimmen.

März

1 Pele
Hawaii

In den Vulkanen der hawaiianischen Inseln ist Pele, die Feuer- und Vulkangöttin, zu Hause. Droht ein Vulkan auszubrechen, legen die BewohnerInnen der Inseln für die Göttin Pele Kämme und Geschenke am Fuß des Vulkans ab. Denn die dünnen Glasfäden, die bei einem Vulkanausbruch in der Luft erstarren, heißen „die Haare der Pele", und wenn ein Vulkan ausbricht, so geschieht das unter anderem, weil Pele gekämmt werden will. Pele ist die Hüterin des Feuers und der weiblichen Leidenschaft.

2 Sackamieli
Finnland

Die Schutzgöttin der Liebe, der Schönheit und der Fülle behütet Frauen, die verliebt sind. Sie wird zu Hochzeiten angerufen, Blüten werden für sie ausgestreut (dieser Brauch ist heute noch sehr lebendig). Sie ist zuständig für Frauen, die Liebeskummer haben, wie auch für den Verlust der Schönheit und der Harmonie. Sie wird gerufen, um die Welt wieder ins Gleichgewicht zu bringen.

3 Rhiannon
Wales

Die keltisch-walisische wunderschöne Göttin der Unterwelt ist auch die Zauberin der Märchen, die Frauen in einen sieben Jahre währenden Schlaf fallen und Tote wiederauferstehen läßt. Sie hat ein Pferd, das sie wie der Wind über die Erde trägt. Zwei magische Vögel begleiten sie. Oft wird sie als Feenkönigin beschrieben. Alle magischen Verwandlungen können von ihr bewirkt werden. Sie wacht auch über die Träume der Frauen und kann Träume in die Wirklichkeit holen.

4 Melusine
Mitteleuropa

Bei Melusine, der Meerfrau, der Mutter aller Meertöchter, kommen viele Sagen zusammen. Sie vereint die Sagen der Meerfrauen und -göttinnen vor der französischen und italienischen Küste. Sie ist eine Menschenfrau mit einem Fischschwanz, manchmal auch mit einem Schlangenleib. Das deutet auf ihre jungfräuliche Qualität: Sie ist niemandem zugehörig, sie gehört nur sich und lebt in der Tiefe des Meeres, wenn sie nicht gerade die Menschen auf dem Festland besucht. Sie ist für Träume und Wünsche zuständig.

5 Gauri
Indien

Die gütige, große, die „weiße" Mutter sorgt für alles, was wir brauchen. Heute steht sie im Gegensatz zur „schwarzen" Kali. Allerdings ist diese Trennung in Schwarz und Weiß, in fürsorglich und zerstörend eine patriarchale Variante. Wer über die Zeit und den Raum gebietet, ist schützend und furchterregend zugleich – wie Gauri, deren mütterlich-behütender Aspekt allerdings besonders betont ist. Frauen, die Schutz suchen, rufen Gauri.

6 Ogboni
Nigeria

Die Erdgöttin der afrikanischen Yoruba ist die Erde selbst, die Höhlen, die Berge, die Steine. Sie ist der Erdrutsch, die Fruchtbarkeit, das Erdbeben. Ihr Zorn kann Menschen töten, ihre Freude bringt Früchte und Lust. Überall werden ihr kleine Erdaltäre aufgestellt. Sie ist die Mutter von allem, und wer sie ehren will, kann Gaben in eine mit den Händen gegrabene Mulde legen. Sie sorgt für Boden unter den Füßen.

7 **TELETE**
Griechenland

Die Tochter der Nymphe Nicea hat mit ihrer Mutter gemeinsam, daß kein Mann sich ihr nähern darf. Mit ihren Freundinnen lebt sie halb im Wasser und halb auf dem Festland. Mondfeste und Wasserorakel gehören zu Telete. Frauen, die nur mit Frauen leben, die Frauen lieben und ihre Vergnügungen nur mit Frauen teilen wollen, können Telete zu ihrer Schutzgöttin rufen.

8 **ASTARTE**
Südeuropa

Erdgöttin, Mondgöttin, Himmelskönigin zugleich, ist Astarte allumfassende weibliche Macht. Uralte Tempel und Altäre belegen ihre Existenz bis tief in die matriarchalen Kulturen. Ähnlich der Kali gebietet sie über die Zeit, ist Geburts- und Todesgöttin zugleich.

9 **QUANWON**
Japan

Die vielarmige Göttin wird mit den Dingen dargestellt, die sie für die Menschen erfunden hat, um ihr Leben zu erleichtern. Sie gilt als Schutzgöttin der arbeitenden Menschen und des Handwerks. Ihr sind prächtige Tempel geweiht mit wunderschönen Abbildungen der Göttin. Sie wird für alle Probleme des Alltags gerufen.

10 **DISA**
Skandinavien

Disa, auch Dis oder Disir genannt, ist eine Schicksalsgöttin, die über Leben und Tod und über Rätsel und Fragen, Geheimnisse und Verborgenes gebietet. In Winternächten werden am Feuer Geschichten über sie erzählt, wird sie um Klärung von Geheimnissen gebeten. Frauen, die einem Rätsel oder einem Geheimnis auf die Spur kommen wollen, wenden sich an Disa.

11 SCHEKINA
Kleinasien

Im Talmud heißt es über Jahwe, niemand könne ihn sehen oder berühren außer durch seine Schekina, seine weibliche Erscheinungsform. Die heilige Frau, die vollkommene göttliche Gestalt wird am Sabbat-Abend gerufen und geehrt, was auf ihren Mondgöttinnenaspekt weist, denn das Wort Sabbat stammt vom semitisch-akkadischen *schabatu,* Vollmond. Sie verließ die Menschen, als diese zu eigensüchtig und zerstörerisch wurden. Gerufen wird sie in der Hoffnung, daß sie der Zerstörung Einhalt gebietet.

12 WALA
Nordeuropa

Sie wird gern als Hexe und Zauberfrau beschrieben, ist aber eine Zauber-Norne – eine germanische Schicksalsgöttin, die nicht mit niederer, eigensüchtiger Magie beschäftigt ist, sondern mit göttlichen und irdischen Kräften arbeitet. Sie lehrt die hohe Kunst der universellen Magie und gilt als Mutter aller Hexen. Gelegentlich wird ihr auch die Walpurgisnacht zugeordnet.

13 SUNNA
Nordeuropa

Sunna, die Sonnengöttin der Asen und Tochter der Sterne, war so überwältigend schön, daß jeder, der sie ansah, verbrannte. Sie bringt Strahlen und Helligkeit ins Leben der Frauen. Ihr Wohnort ist der Tag-Himmel, gerufen wird sie zu Mittag. Wer Sonne braucht, wendet das Gesicht zum Himmel: Sunna, ich zeige dir mein Gesicht, zeig du mir deins.

14 RIGENMUCHA
Papua-Neuguinea

Diese allmächtige, über den Wolken als Energiefeld schwebende Göttin ist eine der wenigen (wie Dao, siehe 1. Januar), die nicht als Frau gedacht, nicht mit einem Frauenkörper dargestellt wird und dennoch eine definitiv weibliche Göttin ist. Sie erschafft und nährt alles, holt alles zu sich. Wenn es regnet, sagen die Menschen: Rigenmucha tropft Wasser aus ihren Brüsten.

15 ZLOTA BABA
Polen

Die goldene Göttin, wie ihr Name lautet, ist wohl eine Sonnengöttin. Sie wurde als goldene Statue verehrt, und Frauen opferten Blüten und Honig, um von ihr Antworten auf ihre Fragen zu erhalten. Heute wird vielerorts die Madonna verehrt, die aber eigentlich die ursprüngliche Zlota Baba ist. Auch der Brauch, die Göttin zum Orakel zu rufen, ist erhalten geblieben.

16 VÖLVA
Nordeuropa

Die germanische Seherin und Stabträgerin weissagt den Frauen die Zukunft und kann über Entwicklungen befragt werden. Der Stab ist die Verbindung der mittleren Welt, in der die Irdischen leben, mit der Unterwelt und der Welt des Göttlichen. Mit dem Stab klopft und ruft sie, durch ihn läuft die Energie der Nicht-Irdischen. Ihr Name erinnert vielleicht nicht zufällig an die Vulva.

17 Wawalag-Schwestern
Aborigines, Australien

Die beiden Urahninnen des australischen Kontinents gelten bei den Aborigines als Gründerinnen menschlicher Zivilisation. Sie kultivierten Heil- und Nahrungspflanzen und zogen im Einklang mit Jahreszeiten und Klimaveränderungen umher. Einmal lagerten sie am See der Urschlange Julunggul, der für menstruierende Frauen tabu ist. Da eine der Schwestern gerade blutete, als sie baden ging, tauchte die Schlange auf und fraß die Frauen und ihre Kinder. Dann tat es ihr leid, sie spuckte sie wieder aus. Dann fraß sie sie wieder und so fort. Das tut sie mit den Menschen bis heute.

18 Rauni
Finnland

Rauni ist die Donnergöttin, eine der mächtigsten Göttinnen der Finnen. Der Ebereschenbaum und insbesondere die roten Beeren sind ihr heilig, ebenso wie der Gesang der Vögel. Sie ist für Sturm und Gewitter zuständig. Frauen, die Angst vor den Elementen und den wilden Stürmen haben, sollten sie rufen und sich mit ihr versöhnen. Federn und Ebereschenbeeren, aber auch das Holz der Eberesche, im Feuer verbrannt, rufen Rauni.

19 Zemina
Osteuropa

Zemina ist im „alten Europa" die Erde selbst, Nahrung, Verwurzelung, Sicherheit, Beständigkeit sind ihre Attribute. An Feuerstellen und in Getreidespeichern wurden ihr kleine Frauenfiguren geopfert, um sie in gute Laune zu versetzen. Eine Schüssel mit Erde symbolisiert Zemina, die slawische Erdgöttin.

20 Morana

Osteuropa

Die Todesgöttin des böhmischen Volkes singt die Menschen mit wunderschönen, entzückenden Liedern in den ewigen Schlaf. Sie ist die „Frau Tödin“, die sanfte Hebamme in den Tod. Mit ihr verliert der Tod die Schärfe, denn sie holt die Menschen zu sich nach Hause. Es heißt, daß sie die Seelen der Sterbenden in Vögel verwandelt, die so schön singen, daß den Lebenden die Tränen kommen. Das Märchen von Jorinde und Joringel und der Zauberin im Schloß beschreibt möglicherweise Moranas Reich. Sie wird von Sterbenden gerufen, die sich einen schönen Tod wünschen.

21 Turan und die Lasen

Italien

Die Liebesgöttin Turan, die bei den Etruskern sehr verehrt und der von jedem Mahl immer eine Liebesgabe geschenkt wurde, wird oft mit den Lasen, geflügelten Frauen, dargestellt. Die Lasen sind göttliche Wesen, die besonders gern in Liebesdingen angerufen werden. Blütenkranz und Spiegel sind ihre Attribute. Der südtiroler Marmor-Ort Lasa ist ihnen geweiht.

22 Sylphen

Griechenland

Als Elementargeister sind die Sylphen luftige Engel, Feuersalamanderinnen, Wasser-Undinen und Erdfrauen. Sie sind, obwohl den

Elementen zugetan, ätherische Wesen ohne feste Körper, die mit Feuer, Wasser, Erde und Luft spielen und uns den spielerischen Zugang zu den Elementen möglich machen. Sie schweben in Nebeln und auf Sonnenstrahlen, sie sitzen auf tanzenden Staubteilchen und im Dunst des Morgens und der Abenddämmerung. Da sie unbegrenzte Zauberkräfte haben, werden sie gern für magische Vorhaben angerufen.

23 FUJI
Japan

Den Ainu in Japan war Fuji, die Vulkangöttin, heilig. Der Berg ist ihr Körper, das vulkanische Feuer ihr Atem. Die Menschen beobachten die Göttin, um zu erfahren, ob sie gut oder schlecht gelaunt ist. Ihr werden an kleinen Opferstellen und Schreinen Geschenke dargeboten. Frauen, die ihr inneres Feuer entfachen, auf den Grund ihrer Wut gehen wollen, können Fuji rufen.

24 KI
Kleinasien

Ki, Kirisha oder Kishar war die ursprüngliche chaldäische Erdgöttin, die alles gebiert, allen Wesen Nahrung schenkt und alle Lebewesen wieder in ihren Leib aufnimmt. Ihre Verehrungsorte waren heilige Haine, ihre Schreine Mulden in der Erde. Gerufen wird sie in Vogellauten.

25 LAMASCHTU
Kleinasien

Die akkadische löwenköpfige, eselsgestaltige Himmelstochter ist Göttin und Dämonin zugleich. Sie ist nicht an die menschliche Erscheinungsform gebunden. Sie hat wenig Geduld und Verständnis für Menschen und ihre Probleme. Sie wird als Kindsräuberin und nachtfahrende Dämonin gefürchtet. Um ihren Leib schlingen sich Schlangen, sie nährt junge Hunde und Schweine an ihren Brüsten. Hohnlachend bringt sie Krankheiten und Tod. Sie ist mit Opfern oder Geschenken nicht gnädig zu stimmen.

Frauen, die wissen, was sie wollen, die klar und ohne Angst ihren Weg gehen, können mit ihrer interessierten Aufmerksamkeit rechnen. Frauen, die ein Amulett mit ihrem Namen tragen, öffnet sie alle Möglichkeiten. Frauen, die Grenzen überschreiten, die alles für möglich halten, die keine Angst vor neuen Lebensformen und alten Geheimnissen haben, können sie rufen und von ihr die allumfassende Wandlung aller Wesen im Universum lernen.

26 MANIA
Südeuropa

Die Mutter der Geister, der verstorbenen und der nicht körperlichen Lebewesen wurde in Rom in einen Stein gebannt, der mehrmals im Jahr herumgetragen und rituell besänftigt wurde. Heute ist Mania, die Geistergöttin, frei und macht die Menschen nach ihrer Lust und Laune verrückt.

Wer Angst hat, verrückt zu werden, oder spürt, daß sich die Grenzen gefährlich verschieben, muß sich Mania stellen. Wer sie zu bannen versucht, hat schon verloren. Sie liebt es, gelockt, gereizt, gerufen zu werden. Tanzt du mit ihr, gewinnst du deine Sinne zurück. Du kannst ihr einen Stein als Wohnort anbieten.

27 MAFDET
Ägypten

Die altägyptische Unterweltsführerin Mafdet erscheint in Gepardengestalt und führt die Seelen durch die Verwirrungen des Totenreichs, aber auch der Magie. Sie ist zuständig für Gericht und Strafe. Sie ist eine Unterweltsgebieterin, die auf dem Weg durch die Irre sicher führen kann. Sie ist in keinen mythischen Familienverband eingebunden und symbolisiert so auch den einsamen Weg durch Schwierigkeiten und Verwirrungen, der aber nicht furchtsam, sondern mit der wachen Aufmerksamkeit des schnellen Raubtiers gegangen wird.

Mafdet wird zu mächtigem Zauber gerufen. Sie weckt die Raubtierenergien in Frauen. Auch das Einnehmen des eigenen Raums und der Ausdruck der Eigenmacht wird von Mafdet mit Sympathie begleitet. Wer schwierige Projekte vorhat und viel Mut braucht, ruft Mafdet.

28 Atargatis und Semiramis
Syrien

Atargatis ist die lebensspendende Feuchtigkeit, der Ursumpf, aus dem alles Leben wächst. Sie kam in einem Ei zur Welt. Als sie die Schalen des Eis aufbrach und herausstieg, war sie so schön, daß die Menschen vor Entzücken zur Erde fielen. Sie gebar eine Tochter, die sie von Tauben füttern und aufziehen ließ, während sie sich in eine Fischfrau verwandelte und im Wasser lebte.

Zu Ehren der Göttin Atargatis, der Fischfrau, und ihrer Tochter Semiramis, der von Tauben Genährten, sind Fische und Tauben für SyrerInnen tabu. In ekstatischen Tänzen werden die beiden Göttinnen verehrt, Blumen und Getreide werden den Vegetationsgöttinnen geopfert.

Die Göttin Atargatis zeigt sich, halb Frau, halb Fisch, als Urmutter aller Meerjungfrauen und Wassergöttinnen. Sie verkörpert den befruchtenden Geist des Wassers, der Leben hervorbringt und erhält. Ihre Verehrungsorte waren Haine an Flüssen, sogar in Rom wurde sie verehrt, wo eine Statue der Atargatis gefunden wurde, die von einer Schlange umwunden ist, in deren sieben Windungen sieben Eier verborgen sind. Das Ei steht für die Vollkommenheit der universellen Schöpfung. Heil und ganz zu werden, ist das Anliegen der Frauen, die zu Atargatis kommen.

29 ZIWIENA
Osteuropa

Die slawische Göttin des Getreideanbaus und der Ernte ist eine Herbstgöttin. Sie wird für die heilsame und sättigende Wirkung der Nahrung gerufen. Sie wird auch um Schutz der Pflanzen gebeten. Sie ist die Richtige, wenn es darum geht, Genmanipulationen abzuwehren. Goldgelb und Brauntöne sind ihre Farben. Ihr werden Erdaltäre gebaut und Figuren aus Lehm geformt.

30 LAMIA
Italien

Die Lamia ist eine unheimliche Wasserdämonin, die Kinder stiehlt. Wer am Meer oder auf einer Insel wohnt, stellt sich besser gut mit ihr. Sie wird mit Frauenkörper und Fischschwanz dargestellt. Mit Gesang wird sie besänftigt. Mehr noch: Wer schön singt, dem hilft sie. Sie ist im übrigen auch die Hüterin der Schätze tief im Meer.

31 QUANDISCHA
Marokko

Sie lebt in Quellen und Flüssen. Ähnlich der Loreley (siehe 25. Mai) ist sie umwerfend schön, sie verdreht Männern den Kopf und zieht sie schließlich ins Wasser; sie singt, daß, wer sie hört, wahnsinnig wird. Sie ist die Meisterin der Poesie und aller Liebeslieder. Sie lehrt Frauen die Verführungskunst. Frauen treffen sich manchmal zur Sommersonnwende, um die Göttin Quandischa zu feiern.

APRIL

1 ## Atiersang
Tibet

Im vorbuddhistischen Tibet war Atiersang die Göttin der Frauenkraft. Es gibt Thankas, also Rollbilder, die sie zwischen zwei Frauen zeigen, von denen eine ihr Menstruationsblut auffängt und als Heil- und Zaubersubstanz an andere Frauen weitergibt. Die andere hat eine Lotusblüte in der Hand. Viele Zaubermittel der Bön, der vorbuddhistischen EinwohnerInnen Tibets, brauchen Menstruationsblut, um wirksam zu sein.

Atiersang ist die Göttin des Frauenbluts als Heilmittel und Zaubersubstanz.

2 ## Pare
Polynesien

Pare ist eine vulkanische Göttin, die Männer liebestoll macht. Ihr Geliebter folgtc ihr in die Unterwelt und lockte sie zurück ans Licht, er ließ sich was einfallen.

Deshalb ist Pare die Schutzgöttin der Frauen, die phantasievolle, witzige, verspielte Liebhaber wollen.

3 ## Athene
Griechenland

Die Vatertochter, die Kopfgeburt des Zeus ist natürlich wirklich und wahrhaftig die Göttin der Kampflust und des Mutes. Sie kämpft mit einem Schild, auf dem der Kopf der Medusa abgebildet ist, und verbündet sich so mit der Kraft der wilden, unzivilisierten, ungezähmten Alten.

Frauen, die Kämpfe auszutragen haben, Frauen, die gern Männer wären, können mit Athene entdecken, daß Frauen vielfältig, verschieden und willensstark und kämpferisch sein können.

4 Rana Neida

Finnland, Schweden

Dort, wo die Welt lange dunkel und der Winter kalt und fordernd ist, feiern die Menschen Rana Neida, sobald sie ihre ersten grünen Spitzen sehen läßt.

Sie ist die Vegetationsgöttin der Samen (Lappen), eine grüne blühende, üppige Göttin, die den Menschen Lebensfreude und Nahrung und Feste bringt. Wenn die Welt/das Leben dunkel erscheint, bringt Rana Neida Kraft und überschäumende Freude zurück.

5 Kulo Tyeleo

Senufo, Westafrika

Die Großmutter des Dorfes ist zugleich die Hüterin der Naturgesetze. Sie wacht über das menschliche Zusammenleben und über die Einhaltung der Tabus, das heißt, sie schützt die Kinder, sie schenkt den Frauen Glück und Wohlstand. Sie ist für das gemeinsame Leben der Frauen zuständig. Wenn ein Fest gefeiert wird, fegt die älteste Frau den Platz, dann tanzen alle für Kulo Tyeleo.

Wenn Frauen streiten oder Probleme haben, können sie Kulo Tyeleo, die Großmutter des Dorfes, rufen und sie bitten, Recht zu sprechen.

6 Gendenwitha

Irokesen, USA

Die Morgensterngöttin wird von den Irokesen Gendenwitha, „die den Tag bringt", genannt. Der Mythos sagt, daß Morgenröte und Morgensternfrau miteinander am Himmel leben – unerreichbar für Jäger, die sich eine Liebste jagen wollen.

7 OREADEN
Griechenland

Die Oreaden sind Schwestern, die in den Bergen als Nymphen leben, nur den Felsen und den Bergen zugetan. Der Sage nach werfen sie Steine zu Tal und spielen mit den Elementen. Wer gern in die Berge geht, sollte die Oreaden rufen und ihnen Geschenke mitbringen. Früchte und Blumen gefallen ihnen.

8 FERONIA
Italien

Die römische Göttin der Unterwelt wurde hauptsächlich am Berg Soracte südlich von Rom und in Terracina verehrt. Sie führt die Seelen in die Unterwelt und hütet sie dort. Sie wurde und wird gerufen, wenn jemand stirbt, denn sie kann einen schönen, leichten Tod bewirken. Weiß ist ihre Farbe, Efeu ihre Pflanze.

9 NEITH
Ägypten

Eine der ältesten und mächtigsten Göttinnen, die außer in Ägypten auch in Kleinasien und Griechenland verehrt wurde. Auf ihrem verhüllten Standbild waren die Worte geschrieben: „Ich bin alles." Sie ist die Schutzgöttin des Handwerks und des Handels, aber auch Besitz und Diebstahl sind ihre Spezialgebiete. Sie hat der Sage nach die Welt auf ihrem Webstuhl gewebt, indem sie den Himmel zu Kettfäden zwirbelte. Mit den Netzen, die sie webte, fing sie Urwesen aus dem Wasser, auch Männer und Frauen kamen zutage. Sie sorgt für die Gesundheit der Menschen und gilt als große Heilgöttin. Doch auch nach dem Tod verläßt sie die Seelen nicht, sondern beschützt sie auch als Muttergöttin der Unterwelt.

10 SURABHI
Indien

Die Meerkuh, die aus dem Ozean stieg, um den Menschen Fülle, Reichtum und Glück zu bringen, wird „die Duftende" genannt. Sie entzückt die Sinne der Menschen; wo sie auftaucht, sind Lust und Wonne, Überfluß und Luxus. Sie wird als Kuh verehrt und beopfert. Rauch und Düfte beglücken sie, und es heißt, wer Surabhi beglückt, wird selbst glücklich. Wer sie ärgert, dem schickt sie ihre Tochter Nirriti (das Elend).

11 HINA
Tahiti

Die Urgöttin entstand der Sage nach aus roter Erde; ihr zur Lust wurde der Mann geformt, möglicherweise von der Großen Mutter Mahuea, die vor Hina da war. Hina ist eine Mondgöttin, die sich vor der Gewalt der Männer zum Mond zurückgezogen hat und von dort die Frauen beschützt und bestrahlt. Eine Sage erzählt, daß Hina die Kriegsgöttin einer Fraueninsel war, die einfallende Männer bekämpfte. Manchmal wird sie auch als Todesgöttin beschrieben: eine wunderschöne, riesige nackte Frau, die mit offenem Mund schnarcht, aber stets innerlich wach ist.

12 ECHIDNA
Südeuropa

Eine „fabelhafte Jungfrau", ein göttliches Wesen mit Schlangenleib ist Echidna, die in einer Höhle lebt und über die Grenze zur Unterwelt wacht. Echidna ist die Führerin der Grenzgängerinnen. Die dunklen Orte der Seele und der Erde sind ihre geheimen Orte, an denen sie Frauen herausfordert. Sie ist so liebevoll wie gnadenlos und grausam. Alle Wunden reißt sie auf, die tiefsten Geheimnisse lotet sie aus. Wer mit ihr in die Tiefen der eigenen Nacht geht, wird sicher geführt.

13 MOIREN
Griechenland

Die drei Moiren, Töchter der Nyx, der Nacht, sind Schicksalsfeen, sie spinnen den Lebensfaden, hüten Leben, Tod und das Gewebe der Lebendigkeit. Clotho ist die Spinnerin, Lachesis die Abmessende, Atropos die Abschneidende. Frauen, die ihr Leben selbst in die Hand nehmen wollen und sich nicht mehr zum Spielball für andere Menschen machen lassen, rufen die Moiren zu ihrer Unterstützung. Ihre Attribute sind die Spindel, das goldene Messer und die Wasserschale, in der die Zukunft gesehen werden kann.

14 KADROMA
Tibet

Die Affengöttin Kadroma versinnbildlicht Gewitztheit und Intelligenz, Schnelligkeit und Übermut. Sie ist die Stammutter der tibetischen Nomadenvölker. Bäume und Felsen sind ihre Wohnorte. Sie schenkt Erkenntnis und Frohsinn.

15 OSTARA
Europa

Ostara, die auch Eostar genannt wird, ist eine alte Frühlingsgöttin der Sachsen und Angelsachsen. Viele Orte, die mit „Oster" oder „Ester" beginnen, sind ihr gewidmet. Ihr Hauptfest, ursprünglich wohl an den Frühlingsvollmond gebunden, ist Ostern. Ihr Name bedeutet Aufgang des Lichts, und Licht bringt sie uns. Mit ihr feiern wir den Abschied von der Dunkelheit, von den Wintergeistern und der Traumzeit. Mit ihr gehen wir ins Feiern und Tanzen, in die Natur. Mit ihr blüht alles auf, wächst alles, reift alles.

16 ZORJA
Osteuropa

Die drei Zorjas sind wohl ähnlich den drei Nornen (siehe 30. Dezember) und den drei Moiren Schicksalsgöttinnen, die den Lebensfaden spinnen, messen und abschneiden. Sie sind die drei Spinnerinnen mit dem breiten Daumen, dem breiten Fuß und der breiten Lippe, die der Königstochter helfen, daß sie nie mehr (Stroh zu Gold) spinnen muß. Frau Rumpentrumpen und ihre Schwestern sind den Zorjas verwandt. Von ihnen lernst du das Spinnen, das dich nie den Boden der Wirklichkeit verlieren läßt.

17 SNENEIK TSONOQUA
Bellacoola, USA

Diese wilde Göttin ist eine Kannibalin, die jenseits der Zeit am Ende des Universums wohnt. Sie zieht mit ihrem Weidenkorb umher und holt Kinder und Verstorbene, um sie zu fressen. Ihre eigenen Kinder haben Wolfsgestalt. Wer von ihr gefressen wird, kehrt in Wolfsgestalt wieder in die Welt zurück. Sie ist das Urbild des Todes und der Wiederkehr. Sie ist wild, frei, nicht bezähmbar, nicht zivilisierbar. Sie repräsentiert die ursprüngliche Macht der Frau, die den Zyklus des Universums erfüllt.

18 SIRENEN
Italien

Viele Wasserfrauen und Meergöttinnen bevölkern die Meere. Die Sirenen sind mit wundervollem Gesang begabt, den sie an Schiffern ausagierten, so daß diese ihre Schiffe nicht mehr kontrollierten und ertranken. Das Meer holte die Seemänner, die zu Geliebten der Sirenen wurden. Die Sirenen leben in Gemeinschaften und genießen das Schwimmen und Springen und Singen im Meer. Das Spielerische, Träume und Phantasie werden von ihnen angeregt.

19 WILA
Osteuropa

Wila ist die slawische Göttin der Unterwelt, der Nacht, der Dunkelheit. Sie herrscht über die Träume und Alpträume der Menschen, sie schickt die Raubtiere, die bedrohlichen Phantasien, die Ängste. Frauen, die sich mit ihrer Angst konfrontieren wollen, gehen in das Dickicht ihrer Phantasie, in den Wald der Wila, wo sie der uralten Mutter begegnen. Wila ist nicht barmherzig, nicht gefühlvoll, nicht gutmütig. Sie fordert dich ganz heraus. Stelle dich.

20 ZINKOO
Korea

Diese mythische Kriegerin und Königin wird wie eine Göttin verehrt, sie hat die alten drei Reiche der Halbinsel Korea unterworfen und ihre Kultur errichtet. Sie ist mild und freundlich und zugleich unerbittlich. Sie verkörpert die Stärke und die Macht von Frauen. Niemand kann sie erobern. Sie ist furchtlos. Blütengeschenke mit Butterlichtern werden ihr heute noch dargebracht.

21 CERES
Südeuropa

Ceres ist die Mutter aller Vegetation, Erdgöttin, Gebieterin der Pflanzen und Mineralien, Hüterin der Tiere, Beschützerin der

Frauen. Als ihre Tochter Proserpina (siehe 2. November) geraubt wurde, ließ sie vor Trauer alle Vegetation verdorren. So wird sie zur Göttin der Mütter, deren Töchtern Gewalt angetan wird, aber auch zum Symbol dafür, daß Mütter ihre Töchter nicht davor bewahren können, in die Unterwelt zu gehen. Sie ist allerdings auch Symbol für die Kraft, die Töchter von ihren Müttern bekommen, um noch das Schlimmste zu überstehen.

Ulme, Fichte und Obstbäume sind der Ceres heilig, wie auch der Mohn und die Hyazinthe. Auch Bienen und ihr Honig gehören zum Ceres-Kult. Verewigt ist sie in dem englischen Wort „Cereal“ (Frühstücksflocken oder -körner) und in den römischen Cerealien, dem Ceres-Fest, das ihr zu Ehren im April gefeiert wird.

22 LADA
Osteuropa

Die slawische und russische Göttin der Liebe, der Schönheit und der Anmut wird vor allem von jungen Frauen angerufen, die sich verheiraten wollen. Sie binden Birkenkränzchen, mit Blüten verwoben, und werfen sie in den Fluß. Aus der Art, wie die Kränze auf dem Wasser tanzen, wo sie landen, hängenbleiben oder weiterschwimmen, wird ein Orakel für die kommende Verbindung gelesen. Lada wird vor allem im Frühling beopfert und gefeiert. Früchte und Blumen werden ihr geschenkt. Birken sind ihre heiligen Bäume; der Birkensaft gilt als das Blut der Lada.

23 MELLETELE
Lettland

Melletele, die Göttin der Blüten, der Blumen und der gesamten Flora, ist in Lettland zuständig für alles Wachstum, für Fröhlichkeit, Lebenslust und ausgelassenes Feiern. Alles, was wächst, wächst, weil sie es ruft und lockt. Wer also Melletele ruft und lockt, bringt alles zum Blühen – im Blumentopf, im Garten und in der freien Natur. Melletele ist auch die Schutzgöttin der Natur, die gerufen wird, um Zerstörung zu verhindern. Wer sich mit ihr verbündet, kann Wunder bewirken. Auch für Heilpflanzen ist sie zuständig. Kräuter werden ihr geweiht, um stärkere Heilkraft zu entfalten.

24 ALA
Benin, Nigeria

Ala, die Erdgöttin, wird oft als Python, als große Mutterschlange dargestellt. Sie ist die ganze Erde und alles, was auf ihr wächst, kriecht und lebt. Sie ist aber auch die Schlange, die sich häutet, die immer neu wird. Auch der Donner gehört zu Ala, sie gebietet über die Stürme, über die Ernten und auch über die Toten. Lehmstatuen und Opferschreine werden ihr geweiht. Darauf werden Blüten, Eier, Fett, kleine Geschenke für die Göttin gelegt, damit sie den Menschen freundlich gesinnt ist. Es gibt in Benin sogar Schlangentempel, die Ala geweiht sind. Bei den Zeremonien „tanzen" die Schlangen für Ala. Alle Geschicke der Menschen liegen in Alas Hand.

25 AMALTHEA
Griechenland

Die göttliche Ziege Amalthea schenkte den Menschen ein Ziegenhorn mit Kräutern, das alle Krankheiten heilt. Sie hat es zu den Sternen in den Himmel gebracht, und wer die heilende Kraft sucht, muß sie rufen, damit sie die Substanzen vom Himmel holt. Sie ist die Gebieterin eines sehr fruchtbaren Landes und wird deshalb auch gerufen, wenn der Boden nichts hergibt oder die Ernten schlecht stehen. Noch heute wird sie in Gestalt einer Ziege verehrt. Die Ziegen sind ihre heiligen Tiere, und es heißt, in Ziegenmilch ist ihre heilsame Substanz enthalten.

26 AMAZONEN

Griechenland

Der Sage nach waren die Amazonen in Lykien lebende Frauen, die Häuser bauten und mächtige Kriegerinnen waren. Überall in der Weltgeschichte tauchen Amazonen als starke Frauen der Kriegskunst auf: in Europa bis vor 1500 Jahren, in Südamerika im siebzehnten Jahrhundert, in Benin, Westafrika, bis ins neunzehnte Jahrhundert. Amazonen, Frauen, die niemandem gehören, die spielerisch, klug, kämpferisch, wach, heiter und kühn ihr Leben steuern und in Frauengemeinschaften leben, sind die Vorbilder der neuen Frauenbewegung, ihre Patinnen und Schutzgöttinnen.

27 LETHE

Griechenland

Die Göttin des Vergessens liegt in Form eines Flusses zwischen dem Reich der Lebenden und der Toten. Wer stirbt, trinkt aus ihr und vergißt alles; wer geboren wird, trinkt aus ihr und vergißt alles, was im Reich der Toten, im Universum existiert. Lethe schenkt Vergessen, Lethe löscht jede Erinnerung. Sie ist die Göttin der Verzweifelten, die ihre Erinnerung verlieren wollen.

28 BHAWANI

Indien

Die alles Gebärende, Dasein Gebende verkörpert die alles erweckende Liebe, das umfassende Mitgefühl und die weibliche Urkraft. Alles entsteht aus ihr, alles endet in ihr. Alles kann sie schenken, alles kann sie entziehen. Es heißt, daß das Wort OM die Schöpfungssilbe der Bhawani ist. Sie klatscht in die Hände und schöpft damit neue Formen. Die Mondsichel auf der Stirn ist ihr Zeichen. Ihren Feueraugen entgeht nichts.

29 Fylla
Nordeuropa

Die germanische Göttin der Morgenröte hält sich immer in der Nähe der Göttin Freya (siehe 12. August) auf. Ihre langen, wehenden Haare sind die Morgennebel, ihre rosaroten Wangen die aufgehende Sonne, ihr Lachen ist das Plätschern des Baches. Ihre Juwelen sind die Tautropfen in den Gräsern, ihre Kleider die benetzten Spinnweben. Fylla gibt die frische Kraft des jungen Morgens und vertreibt böse Träume und düstere Erinnerungen. Die Göttin der Rosen ist die Geliebte Freyas und bleibt, obwohl selbst Göttin, stets bei ihr, um ihre Füße zu salben und sie mit Schmuck zu versorgen.

Fylla wird im Morgengrauen gerufen, mit Rosenblüten beschenkt, und wenn sie eine Frau erhört, so schenkt sie ihr blühendes Leben, zarte Haut, schönste Geschmeide und ein sinnliches, leichtes Leben.

30 Furien
Italien

Diese wilden, beängstigenden Rachegöttinnen, im Griechischen heißen sie Erinnyen (siehe 8. Januar), toben mit flammensprühenden Augen, Schlangenhaaren und verzerrten Gesichtern rachedurstig durch die Welt. Ihre Hände sind Krallen, ihr Wohnsitz ist die Unterwelt. Ihre Schreie lassen das Blut gefrieren, ihre Energie ist grenzenlos. Sie wüten gegen die Götter, die ihr Wort gebrochen, Zerstörung in die Welt gebracht haben.

Frauen, die sich in ihrer Wut und ihren Rachegelüsten verbünden wollen, müssen einen guten Stand in der Welt haben, wenn sie die Furien rufen. Ihre Sache muß gerecht, ihr Herz rein sein, dann wenden die Furien das Unglück und strafen die Übeltäter.

Mai

1 BONADEA
Italien

Bonadea, die römische Göttin der Frauen, der Fruchtbarkeit und der Fauna (ihr Beiname ist Fauna), duldet keine Männer in ihren Tempeln. Das große Fest, das zu Ehren dieser Vegetationsgöttin des Wachstums und der Fülle am 1. Mai gefeiert wird, ist ein rauschendes Gelage, ein Tanzfest, bei dem die Frauen sich schmükken und verkleiden und die Göttin in sich feiern. Bonadea ist die Schutzgöttin aller Frauen, die ohne Männer leben.

2 AWEHAI
Irokesen, USA

In den Zeiten von Awehai gab es viele Wesen, die in anderen Welten lebten. Awehai fiel vom Himmel. Im Fallen griff sie nach Pflanzensamen, nach Tieren, vor allem nach Kröten und Ottern, alles drückte sie an ihre Brust und fiel und fiel – bis zur Erde. Geflügelte Wesen flogen herbei, um den Ort, an dem sie landen würde, mit Federn weich zu machen. Sie stieg auf den Rücken einer Schildkröte, und alle Tiere, die mit ihr gekommen waren, kratzten den Lehm und die Erde zusammen und formten eine Insel im Universum – die Erde, wie wir sie kennen. Als die Erde da war, streute Awehai ihre Samen aus. Und weil alles so schön war, gebar Awehai aus sich heraus ihre Kinder. So entstand das Volk der Irokesen.

3 HYADEN
Griechenland

Die Hyadenschwestern lebten ursprünglich im Ozean. Einmal stiegen sie mit dem Dunst in den Himmel auf und erfreuten sich an dem Spiel, mit dem Regen herunterzufallen und im Dunst wieder aufzusteigen. Sie leben oberhalb des Sternbilds Stier. Ihr Name bedeutet Regen. Regenmacherinnen sollten sich mit den Hyaden gut stellen.

4 CREIDDYLAD
Wales

Die keltisch-walisische Maienkönigin wurde von Shakespeare als Cordelia gewürdigt. Sie läßt alles grünen und blühen. Zu ihren Ehren tragen junge Männer Wettspiele aus. Sie erscheint im weißen und grünen Blütenkleid. Mit ihr kommt Fröhlichkeit, Leichtigkeit, die Sonne. Sie hilft traurigen, depressiven, trübsinnigen Frauen.

5 AURORA
Italien

Aurora, die geflügelte römische Göttin der Morgenröte, kidnappt sich gern junge, hübsche Liebhaber und erfreut sich an ihnen. Dann springt sie in ihren goldenen Wagen und zieht das Morgenrot über den Himmel. Sie strahlt in allen Rosa- und Goldtönen. Sie bringt die unbändige, ungebändigte Kraft des Morgens. Sie heilt alle Schrecken und vertreibt die düsteren Gedanken. Ein Heilritual der Aurora ist es, am frühen Morgen hinauszugehen und sie zu erwarten, für sie zu singen und sie zu begrüßen.

Wer das einige Tage lang getan hat, wird von allen Krankheiten und Sorgen frei.

6 DIANA
Südeuropa

Diana ist die Gebieterin der Tiere und die Schutzgöttin der freien Frauen. Sie regiert in der Nacht. Sie ist auch eine Mondgöttin. Oftmals wird Diana als Lehrerin der Hexen beschrieben, weil die Nacht ihre Zeit ist und der Wald ihr Revier. Sie wacht auch über die freie Liebe zwischen Frauen und beschützt Frauen, die nur sich selbst gehören wollen. So mächtig war Diana noch während der Inquisitionszeit, daß fast alle Attribute Dianas auf Maria (siehe 24. Dezember) übergingen: die Mondsichel, der Pfeil, der Sternenmantel, sogar der Name Himmelskönigin. Im Grunde wird der Diana-Kult ununterbrochen bis heute gepflegt und gefeiert, denn auch die „Neuen Hexen", die weisen Frauen von heute, beziehen sich in ihren Ritualen auf Diana.

7 Kuma
Venezuela

Die große Mondgöttin ist eine Ursprungsgöttin, eine der ältesten Venezuelas, die mit Hilfe der Wasserschlange Puana und des Jaguars Itciai die ganze Welt geschaffen hat. Kuma lebt im Westen, zugleich Jenseitswelt und Reich des Glücks. Sie ist für Träume, für die Materialisierung von Visionen und für Heilung zuständig. SchamanInnen besuchen sie in Trancereisen, und wenn Kuma will, hilft sie ihnen, ihre Wünsche zu verwirklichen. Grün und Gold sind ihre Farben.

8 Aphrodite
Griechenland

Der Sage nach stieg sie bei Paphos auf Zypern aus dem Wasser, wo sie in einem paradiesischen Hain Frauen zur Liebe verhalf (und das tut sie wohl immer noch). Das Meer ist ihre Heimat, aus dem Meer schöpft sie ihre Kraft, die Muschel ist ihr Symbol. Aphrodite steht für die Frau, die sich nimmt, wen sie will, die liebt, wen sie will, und die dabei unwiderstehlich ist.

Seit Urzeiten wird sie in Liebesproblemen konsultiert und angerufen, wenn Liebeskummer oder Sehnsucht das Leben einer Frau trüben. Aphrodite befreit die Sinnlichkeit, Schönheit und Liebeslust in Frauen.

9 Gaia
Griechenland

Gaia ist die Erde, die alle Lebewesen nährende Mutter, die Gebieterin über Leben und Tod, über die Kraft der Erneuerung und die Zerstörung. Sie erschuf sich einen Sohn, Uranus, den sie als Liebhaber begehrte. Sie erschuf alle Wesen auf dieser Erde, schöne, monströse, furchterregende, bezaubernde. Das Sichelmesser ist Gaias Symbol. Mit diesem Sichelmesser brachte sie den fruchtbaren Tod auf die Erde.

Die Öffnungen ihres Körpers, Höhlen, Löcher, Spalten wurden mit Honigkuchen und Getreide beopfert. Versprechen wurden und werden vor Gaia besiegelt.

10 Kore
Mittelmeerraum

Kore, die Ur-Göttin, die in der Bretagne durch die Silbe *Ker*, in Ägypten durch *Car* verewigt wurde und heute noch durch den Koran (die Worte der Kore) hindurchschimmert, wurde in ganz Südeuropa, im mittleren Osten, in Ägypten und Nordafrika verehrt. Karnac in Ägypten und Carnac in der Bretagne sollen ebenso Kultorte der Kore sein wie Mekka, der von den Koreschiten (den Söhnen der Kore) gegründete Pilgerort, wo ein schwarzer Stein verehrt wird. Sogar Karneval soll ursprünglich von Kore stammen.

Kore ist die Mutter der spirituellen Kraft, die auf der Erde verwirklicht wird. Steine und Bäume sind ihr heilig. Sie wird unter dem freien Himmel gerufen und geehrt.

11 ## Dakini
Tibet, Nepal, Indien

Die Dakini sind die Mütter der geheimen Kräfte, des Übersinnlichen, der magischen Macht. Sie sind die himmlischen Frauen, die den irdischen Frauen Wissen über die Zusammenhänge des Universums schenken. Sie erscheinen in schönen und furchterregenden Formen. Sie können ebenso die Sinne verwirren, wie sie den Verstand klar und scharf machen können. Sie stehen für die Urkraft des Weiblichen, für die Macht der Mütter. Die „Himmelswanderinnen" sind die Freundinnen, die Töchter, die Helferinnen der Göttin Kali (siehe 3. November). Es gibt auf der Erde nichts, das nicht von den Dakini gewandelt werden könnte.

12 ## O
Südamerika

Die Göttin O ist eine alte Maya-Großmutter. Sie wird mit vielen Augenfältchen und einem Webstuhl dargestellt und gilt als die webende, alles wissende, alles wirkende und be-wirkende Urahnin und Göttin. Sie webt das Leben und trennt es wieder auf. Sie hat alles gesehen, was es gibt. Wer sie ruft, erfährt das Muster des eigenen Lebens und kann sich an der Gestaltung beteiligen. Was von ihr gewünscht wird, trifft ein.

13 ## Schakti
Indien

Das Prinzip des Weiblichen, das heißt das Leben-Gebende, Allesumfassende, Ursprüngliche, das Sich-Wandelnde, die Fülle, die Anmut, die Schönheit, der Mut, die Wildheit, die Unerbittlichkeit, die Barmherzigkeit, die Rache, die Güte, die Gnade, die Wut, all das ist Schakti, die große Göttin, die vor allem da war und nach allem da sein wird. In jeder Frau ist Schakti, in der Natur lebt Schakti, in jedem Baum, in Quellen, Höhlen, Bergen, Pflanzen ist Schakti. Schakti ist die pulsierende Kraft im Universum.

14 Al Uzza
Kleinasien

Diese vorislamische Göttin ist ein geflügeltes Schutzwesen, das jedoch auch Verderben und Rache bringen kann. Ihr Name heißt „die Gewaltigste", im Sinn von „die Mächtigste". Sie lebt in Schirmakazien, Steine sind ihre Heiligtümer. Wie alle frühen Göttinnen hat sie keine Tempel zu ihrer Verehrung, sondern Haine und kleine Kultplätze am Weg, deren Mittelpunkt ein Stein ist. Sie ist eine alte Menstruationsgöttin, denn ihre Steine waren mit dem Blut der Frauen eingerieben. Der Morgenstern verkörpert sie.

15 Anansi
Ghana

Die mythische Spinnenfrau und Urahnin der Aschanti webt das Gewebe der Welt. Sie fängt darin die Seelen, sie webt die Körper der Menschen und ihre Muster. Hochverehrt lebt sie in Bäumen und Höhlen. Wer Anansi mit guten Speisen füttert, bekommt ein besonders schönes Gewebe. Der Webstuhl und das Weberschiffchen sind Anansi heilig.

16 Trivia
Italien

Die auf Kreuzwegen verehrte Trivia ist zuständig für die Dinge des Alltags, des täglichen Lebens und für die Materialisierung von Wünschen. In jedem Haushalt sollte ein kleiner Altar für Trivia stehen, das würde die alltäglichen Probleme entscheidend erleichtern. Wer schon einmal „trivial" genannt wurde, sollte Trivia eine Kerze anzünden und sich freuen, Tochter dieser Göttin zu sein, die für jedes Problem eine Lösung hat.

17 Venus
Italien

Es gibt wenige Göttinnen, die bis heute so lebendig geblieben sind wie die Göttin der Liebe, der Schönheit, der Ästhetik, des Genusses und der Heiterkeit. Tauben und Fische sind ihr heilig. Die sinnliche, sexuelle Liebe ist ebenso ihr Terrain wie die spirituelle, himmlische, die Verzückung. In Italien gilt sie auch als Göttin aller Gartengewächse und wird gerufen, damit alles schön wächst und blüht. Ihr Attribut ist der Apfel, ihre Blume die Rose. Der Planet Venus wurde erst vor einigen hundert Jahren so genannt, vorher war er Ischtar (siehe 4. August) gewidmet.

In germanischen Sagen gibt es Frau Venus, eine Feenkönigin, die im Venus-Berg bei Eisenach wohnt. Wer sie besucht, erlebt beispielloses Glück und nie gekannte sinnliche Genüsse. Das muß der Grund gewesen sein, warum Tannhäuser nicht auf die Vergebung des Papstes wartete, sondern in den Berg der Frau Venus zurückkehrte, wo er heute noch sein soll.

18 Riesinnen
Nordeuropa

Einerseits gehören sie als eine Art Naturgeister zu den ältesten Bewohnerinnen der Erde, andererseits hat es mit Sicherheit ein Volk der Riesinnen und Riesen gegeben. Die germanische Sage kennt viele Riesinnen namentlich: Ama, Amgerdr, Bakrauf, Bestla, Drifa, Fala, Fenja, Forad, Geitla, Harthgrepa, Hruga, Jarnglumra, Keila, Munnharpa, Rygr, Sivör, Thökk, Vardrun, um nur einige zu nennen. Die Riesinnen haben Namen, die entweder ihre Erscheinung oder ihre besondere Fähigkeit beschreiben. Sie sind alle sehr stark, zaubermächtig, haben Zugang zum Diesseits und zum Jenseits. Der schöne Held Balder kann zum Beispiel aus dem Jenseits nicht zurückkehren, wenn auch nur ein Lebewesen nicht um ihn trauert. Alle, alle trauern, nur Thökk nicht.

Von den Riesinnen können Frauen lernen, ihr Ding zu machen, ohne sich dauernd zu erklären.

19 UOLUMAR
Sibirien

Uolumar ist eine Ur-Schamanin, wohl auch eine Unterweltsgöttin. Unbezwingbar stark lebt sie mit ihrer Schwester in einer Jurte. Morgens springen sie aus ihren Fellen von der Ofenbank, laufen um die Wette, umkreisen die Birken und sprechen mit ihnen. Sie spielen den ganzen Tag und messen ihre Kräfte. Sie schlagen die Trommel und rufen den Wind. Sie melken ihre Stuten und trinken Kumyss, Stutenmlich, aus ihrer Spucke wird ein See, aus ihren Tränen ein Sturm. Am Schamanenbaum steigen sie in die Unterwelt hinab und hinauf zu den göttlichen Wesen. Uolumar, die Ur-Schamanin, ist die Mutter aller Schamaninnen.

Zu ihr geht, wer mit der Trommel reist und auf dem Gesang fliegt, wer im Prasseln der Rassel tanzt.

20 CIRCE
Griechenland

Die große Mutter aller Zauberinnen lebte nur mit Frauen, der Sage nach ursprünglich auf eine Insel verbannt, die sie jedoch bald in ein Paradies verwandelte, wo sie mit ihren Gespielinnen, Göttinnen wie sie, in den Tag und in die Nacht hinein lebte. Sie lehrte Frauen die Kunst, Gifte zu mischen, solche, die lähmten, und solche, die töteten. Circe und ihre Freundinnen wurden in patriarchalen Mythen nie gefangen oder erobert. Sie entzogen sich stets durch ihre Magie – das können Frauen heute von ihnen lernen.

21 Hestia
Griechenland

Die Göttin Hestia, auch Vesta genannt, ist, wie ihr Name sagt, die Herdgöttin. Die häusliche Feuerstelle ist der Ort der Sicherheit, der Nahrung und auch der Magie. Früher wurden dem Herdfeuer kleine Frauenidole geschenkt, damit es die Menschen im Haus wärmte und nährte. Ihre Priesterinnen, die Vestalinnen, waren junge Frauen, die keinem Mann angehörten. Verehrt und gefeiert wurde sie unter anderem in Rom in einem runden Haus, das in einem heiligen Hain stand. Aber Tempel und Standbilder hatte sie kaum. Hestia ist auch die Göttin der menschlichen Ordnung und des Staates. Sie ist zuständig für die Organisation menschlichen Lebens in einer Gemeinschaft. An Feueraltären und Herdfeuern wird sie um Schutz und Hilfe angerufen. Sie ist das Feuer – mit jedem Feuer und an jedem Herd wird sie gefeiert.

22 Iduna
Skandinavien

Die junge Frühlingsgöttin Iduna wurde aus der milden Frühlingsluft in einen Obstgarten geboren. In ihrer goldenen Schatzkiste bewahrt sie die Frucht der Unsterblichkeit, nach der sich so viele Menschen sehnen. Ihre Stimme ist Musik, und mit Gesang und Musik wird sie gerufen. Es heißt vom Zauberer Thiassi, daß er Iduna gefangennahm, weil er Unsterblichkeit und ewige Jugend für sich allein wollte, aber Freya schickte ihren Falken und befreite Iduna. Sie bringt die Kraft des Anfangs – wer sie ruft, erblüht ganz neu.

23 Flidais
Irland

Die wilde Göttin Flidais fährt mit ihrem von geflügelten Rehen gezogenen Wagen über das Land. Sie ist die Gebieterin aller Tiere, die Wildnis ist ihr Reich. Sie schenkt die Früchte der Sträucher und Bäume. Ihre Kuh kann Milch für viele hundert Menschen geben. Sie kann alle nähren, aber auch in den Tod führen. Die wilden Tiere des Waldes sind ihre Freundinnen.

Wer diese Tiere schützt und sich mit ihnen befreundet, hat auch Flidais zur Freundin.

24 Baubo
Griechenland

Die Göttin und Schweinehirtin Baubo traf Ceres (siehe 21. April), die ihre Tochter Persephone in der Unterwelt suchte. Baubo bot Ceres ein Getränk an, das diese ausschlug, weil sie deprimiert war. Da hob Baubo ihre Röcke und entblößte ihr Geschlecht, was Ceres zum Lachen brachte. Diese uralte Geste der Macht und des Erkennens zwischen Frauen ist als Relief an vielen romanischen Kathedralen dargestellt. Baubo hat eben auch Schwein, sie ist heiter, verspielt, der Natur nahe und hebt weder in Höhenflüge ab, noch läßt sie sich von Trauer umwerfen.

Baubo steht für die natürliche, animalisch-sinnliche Kraft der Frauen.

25 Loreley
Deutschland

Die Wassergöttin und Nixe Loreley lebt im Rhein nahe Bingen. Wenn sie auftaucht und singt und sich mit ihrem goldenen Kamm kämmt, ist kein Fischer, kein Schiffer vor ihr sicher. Sein Schiff zerschellt, und Loreley zieht ihn in die Tiefe des Wassers. Loreley schützt den Fluß, in dem sie lebt. Wird sie von Frauen angerufen, verbündet sie sich mit ihren irdischen Schwestern.

26

ETAIN
Irland

Etain ist eine der frühen keltischen Sonnengöttinnen. Sie taucht oft in Gestalt einer Himmelsstute auf, die schneller laufen kann als jedes Lebewesen der Erde. Etain lebt an der Schwelle der Unterwelt. Beare Island, ein Ritualort in Bantry Bay, Irland, ist ihr heiliger Ort, an dem sie gerufen wird. Etain ist die schöpferische, aus sich selbst strahlende Kraft, die alles Leben bringt.

27

GLISPA
Navajo, USA

Glispa brachte den „Heiligen und heilenden Gesang der Schönheit" zu ihrem Volk. Die Türkis-Frau lernte so schnell, daß alles, was sie sah und hörte, auf immer in ihrem Gedächtnis blieb. Sie ging in die Unterwelt, zum Mittelpunkt des Seins. Dort traf sie den Schamanen des Schlangenvolks, der ihr den Gesang Hozoni schenkte. Sie lebte eine Weile in der Unterwelt, hatte aber Sehnsucht nach den Menschen und kehrte schließlich zu ihnen zurück. Sie brachte magische Heilweisen und den Hozoni-Gesang, der in einem viertägigen Ritual gefeiert wird.

28

JABME-AKHO
Finnland, Lappland

Die Unterwelt- und Todesgöttin des samischen Volkes, Jabme-Akho (oder Acco), lebt an der Schwelle zwischen den Lebenden und den Toten. Zu ihr führen nur der körperliche Tod oder ein Initiationsritual. SchamanInnen müssen zu Jabme-Akho, um von ihr die Gabe der Grenzwanderung und des Schwellenüberschreitens zu erbitten.

Sie ist zuständig für alle schamanischen Reisen und für die Konfrontation mit dem Tod.

29 WOLEN
Nordeuropa

Die germanischen Wolen, meistens drei, sind gefürchtete Hexen, Zauberfrauen, wilde Weiber, durch nichts zu besänftigen oder zu zivilisieren. Sie sind die Gebieterinnen über alle Arten von Magie. Ihre Macht kommt aus ihrem Unterwelts-Ursprung. Alle Kräfte der Natur, die Elemente, die Jahreszeiten, die Stürme und Gewitter verbünden sich mit den Wolen.

Gemütliche Freundinnen sind sie wohl nicht, dafür sind sie scharfsichtig, mächtig, unerbittlich.

30 OTO HIME
Japan

Die japanische Meergöttin lebt tief im Meer in einem Palast aus Korallen, Edelsteinen und Muscheln. Sie ist die Gebieterin aller Meertiere, der Stürme des Meeres, der Überschwemmungen und der versunkenen Schätze, also auch der Träume und Phantasien. Im Gegensatz zur kleinen Meerjungfrau in Andersens Märchen ist Oto Hime eine, die sich Liebhaber erwählt und sie auch wieder gehen läßt.

Wer eine Zeit mit ihr verbracht hat, wird um Hunderte von Jahren älter. Das gilt nicht für SchamanInnen, die sie besuchen und von ihr Schätze erbitten.

Für sie vergeht nur ein Augenblick.

31 Zaramama
Peru

Die Kornmutter und Maismutter des alten Peru verkörperte sich im Getreide, aber auch in Maiskolben, die ihr heilig waren. Sie ist die Nährende, die Mutter aller Ernten. Rasseln in Form von gebündelten Maiskolben wurden ihr geweiht. Mit Rasseln wird sie gerufen. Aber auch das Prasseln der Getreidekörner ist ein Klang, auf den sie hört. Sie ist für Nahrung zuständig und wird gerufen, wenn Nahrung knapp ist.

Juni

1 TIAMAT
Kleinasien

Tiamat, die Meerfrau, ist die sumerische und babylonische Göttin des Meeres, des Urchaos, aller Wasser, aus denen Leben entsteht, des Tohuwabohu. Wasser, Dunkelheit, Nacht, Unendlichkeit gehören zu ihr wie die Delphine und die Algen. Sie ist die Mutter aller Fische. Wer mit dem Meer oder im Meer zu tun hat, wer auf Booten oder Schiffen fährt, wer Fische fängt oder am Meer Urlaub macht, kann Tiamat begegnen. Manchmal erscheint sie als Delphin, sogar als Wal. An der nordafrikanischen Küste heißt es von Delphinen, die Ertrinkende retten, daß Tiamat sie geschickt hat.

2 XALPEN
Feuerland

Xalpen ist eine furchterregende, weithin gefürchtete Erdgöttin. Sie regiert die Unterwelt und alles, was auf der Erde wächst. Knaben müssen in die Macht der Xalpen initiiert werden, sonst sind sie keine Männer. Xalpen ist eine Göttin der Frauen und der Frauenmacht. Sie erinnert die Frauen daran, daß die wahre Macht unter Frauen ausgetragen wird. Männer haben bei Xalpen nur eine Chance, wenn sie sich hingeben und unterwerfen. Frauen, die auf der Suche nach ihrer verschütteten Macht sind, rufen Xalpen an.

3 RAN
Nordeuropa

Die germanische Göttin des Meeres hat neun Wellentöchter: Himingläffa, Dusa, Blödughadda, Heffring, Udor, Raun, Bylgya, Dröbna und Kolga. Mit ihnen legt sie Netze aus und fängt Schiffbrüchige und die Schätze, die versunkene Schiffe trugen. Manchen Ertrunkenen schenkt sie das Leben zurück und trägt sie mit ihren

Wellentöchtern zum Strand. Sie fängt in ihren Netzen die Träume Schlafender und verwebt sie neu. Ran führt in die Tiefe der Erinnerung, der Träume, der Ängste und gibt Rätsel auf. Wer sie löst, wird frei, glücklich, närrisch wie ein Kind. Aber wie löst du sie?

4 NYMPHEN
Südeuropa

Die Nymphen sind Naturgeister, die in Gewässern, in Bäumen, auf Bergen, in Höhlen und Felsen leben. Sie begegnen einsam Wandernden, materialisieren sich aus Baumstämmen oder Quellen. Da sie orakelmächtig sind, beantworten sie gern Fragen, wenn sie nett gestellt werden. Sie lieben Gesang. Flötenmusik, Rasseln und Trommeln rufen sie. Manchmal treiben sie Schabernack mit den Menschen, aber sie sind gutmütig und schaden niemandem.

5 HYGIEIA
Südeuropa

Die griechische Göttin der Medizin ist auch die Namensgeberin der Hygiene, die den Heilerinnen selbstverständlich war, den Medizinern aber nicht, so daß nach dem Berufsverbot der Volksheilerinnen in der Inquisitionszeit viele Säuglinge am Dreck der Medizinerhände starben. Hygieia ist eine Schlangengöttin, die Häutung der Schlangen ist ihr Prinzip der Heilung. Frauen, die heilend tätig sind, rufen sie an und bauen ihr einen Schrein.

6 COATLICUE
Mexiko

Die fünffache Erd-Göttin mit dem Schlangenrock steht für die vier Himmelsrichtungen und das Zentrum, in dem die Erde als große

Mutter regiert. Die vier Richtungen sind ihre vier Schwestern: Sie kommen auf dem Schlangenberg zusammen, um die Welt zu träumen. Coatlicue wurde von weißen Federn, die sie sich auf den Körper legte, parthenogenetisch schwanger. Andere Legenden beschreiben, daß sie von Jadesteinen oder Smaragden schwanger wurde. Sie ist die große Mutter allen Lebens.

7 Vaschti
Kleinasien

Vaschti ist eine hebräische Königin und zugleich Göttin, Priesterin. Sie rief die göttlichen Energien in ihren Körper, sie regierte mit ihrer Intuition, sie sprach mit den Sternen und den Elementen. Als Vaschti von ihrem Mann umgebracht wurde, stand das ganze Volk gegen ihn auf und ruhte nicht, bis die biblische Königin Esther ihr auf dem Thron folgte.

Vaschti repräsentiert die Frauen, die innerhalb patriarchaler Macht-Strukturen die alte Eigenmacht der Frauen leben.

8 Apasinasee
Inuit, USA

Sie ist die Gründungsmutter der Eskimo oder Inuit in der Hudson Bay. Sie weigerte sich zu heiraten und wurde deshalb von ihrem Vater mit einem Hund vermählt. Sie verließ das Dorf und lebte allein mit den jungen Hunden, die sie gebar. Sie lehrte ihre Kinder, ihren grausamen Vater zu fressen, was sie taten. Dann schickte sie die Hundekinder in alle Welt, wo sie verschiedene Stämme gründeten. Apasinasee blieb in der Hudson Bay, und die Hundekinder, die mit ihr lebten, wurden die Eskimomenschen. Apasinasee lehrt die wilde, freie Energie von Frauen, die ihr Leben nicht mit Männern teilen wollen.

Von ihr können Frauen sich die Kraft der Hunde holen.

9 HURUING WUHTI

Hopi, USA

Die beiden Schwestermütter, so alt wie die Zeit selbst, sind zwei in einer Göttin. Huruing Wuhti lebte im Meer des Ostens, Huruing Wuhti lebte im Meer des Westens. Zusammen formten sie eine Tochter, Tuwabontums, und alles, was sie zum Leben brauchte: Land, Meer, Himmel, Tiere, Pflanzen. Huruing Wuhti sind die Schwester-Mütter-Schöpferinnen, und so werden sie heute noch verehrt.

10 DANA

Europa

Dana ist die höchste irisch-keltische Göttin, die Königin des mythischen Stammes göttlicher Wesen, Tuatha de Danaan, die später zu den Feen oder kleinen Leuten wurden. Dan heißt im Keltischen „Wissen". Alle Orte und Namen, die Dan, Don, Danu enthalten, gehen auf Dana zurück. Die Donau ist ihr Fluß. Dem Mythos nach hatte Dana auf dem europäischen Festland eine große Stadt, möglicherweise in Manching, Oberbayern, wo umfangreiche keltische Ausgrabungen gemacht wurden. Dana wurde in den sogenannten „Keltenschanzen", die eigentlich umfriedete Kultplätze sind, verehrt. Das Tor öffnet sich stets nach Osten, Danas heiliger Himmelsrichtung. Auch viele Gräber haben den Eingang im Osten, wo das Morgenlicht auftaucht, das als Licht der Dana gilt.

11 TONAN

Südamerika

Die aztekische Muttergöttin Tonan (unser Mütterchen), auch Ilamathecutli oder Tonantzin genannt, wird noch heute in manchen Gegenden durch ein Wintersonnwendfest geehrt, bei dem eine

Frau, ganz in Weiß gekleidet und mit Federn und Muscheln geschmückt, die Göttin verkörpert, die die Menschen in die Unterwelt führt, wo sie Heilung finden. Die Frauen bewerfen sich bei den Zeremonien mit grünen Papiersäckchen, die Lebendigkeit und Wachstum symbolisieren.

12 Maman Brigitte
Haiti

Maman Brigitte ist die Todesgöttin, ein *loa* (Geist). Sie ist die Hüterin der Friedhöfe. Ihr Ursprung reicht nach Benin und Nigeria, der Wiege des Voodoo. Ihre Rituale beinhalten Fetische mit Menstruationsblut. Für sie wird die Schwelle mit rotem Ziegelstaub eingerieben, um schlechte Einflüsse vom Haus abzuhalten. Sie ist Hebamme in den Tod und Beschützerin des Lebens. Der Kreis, in dem Frauen Maman Brigitte rufen, wird aus Mehl gestreut.

13 Lakschmi
Indien

Lakschmi, Göttin der Schönheit und Anmut, ist wie Venus (siehe 17. Mai) aus dem Meerschaum entstiegen. Sie ist auch die Göttin des Überflusses, des Genusses und der Ästhetik, die Göttin der Glückseligkeit. Bunte Ketten und hauchdünne farbige Tücher werden ihr zu Ehren getragen. Gefeiert wird sie mit Blumenkränzen, bunten Farbpulvern, die auf ihre Altäre gestreut werden, und Reis.

14 Mokosch
Osteuropa

Noch im sechzehnten Jahrhundert beklagten christliche Schriften, daß die Frauen zu Mokosch gingen, um sie anzubeten. Sie hat in slawischen Ländern noch heute Altäre. Verehrt wird sie als Brust-Stein (Steinform, die Brüsten gleicht) oder als Brustidol. Mokoschs Milch heilt alle Krankheiten. Sie wird in Dürrezeiten gerufen. Als Archäologen im letzten Jahrhundert in der Ukraine einige Mokosch-Steine bewegten, um darunter zu graben, brach Dürre aus; die Frauen ruhten nicht, bis die Steine wieder an ihrem Ort standen. Mokosch macht die Menschen heil und ganz. In Rußland heißt sie Mukuschka, lebt in jedem Haus und bringt Glück.

15 SULEVIEN
Italien

Sulevien ist eine römische Matrone, also eine Muttergöttin, ganz allgemein wurden Mütter oder Ahnfrauen einer Familie Suleviae genannt. Sulevien ist in Trier und anderswo mit anderen Frauen dargestellt, und Legenden besagen, daß sie eine Gründerin von Frauengemeinschaften war.

Frauen, die mit Frauen leben, haben gern einen Altar für Sulevien, die Frieden zwischen Frauen stiftet.

16 SEQUANA
Europa

Die keltische Erd-Fluß-Göttin Sequana lebt in Flüssen und kann dort gut gesehen werden. Flüsse sind deshalb auch die Orte, an denen sie verehrt wird. Opfer für Sequana werden in den Fluß geworfen. Viele Kultstätten an Flüssen waren Sequana geweiht. In einem festlichen Ritual wurde eine Figur der Sequana in einem Entenboot den Fluß entlang gezogen. Votivgaben und kleine Statuen wurden ins Wasser geworfen (und später von Archäologen gefunden).

Sequana verkörpert die Verbindung von Wasser und Erde und wird in diesem Zusammenhang angerufen.

17 UNDINE
Mittelmeerraum

Undine ist ein Wassergeist, vermutlich hat sie viele Schwestern, denn es wird auch oft von Undinen gesprochen. Sie ziehen die Menschen in die Tiefe der Wasser, helfen ihnen aber auch. Sie locken mit überirdisch schönem Gesang.

Wer sie rufen will, muß schön singen und kleine Gaben mitbringen. Wer sie neckt oder verspottet, muß sterben.

Undine bewahrt Frauen vor dem Ertrinken.

18 THORGERD UND IRPA
Island

Die Menschenfrauen Thorgerd und Irpa wurden zu Göttinnen, weil sie vollkommene Magie wirkten. Im Süden Islands wurden sie besonders verehrt. Thorgerd ist zudem mächtige Kampfgöttin, vermutlich wurde sie zum Vorbild für die sagenhafte Brynhild. Aus ihren Fingern fliegen Pfeile, was beweist, daß sie eine spirituelle Kriegerin ist. Sie ist unbesiegbar und steht in innigem Kontakt mit den Elementen, die auf sie hören.

Sie wird für Glück und Stärke der Frauen gerufen, aber auch für den erfolgreichen Fischfang.

19 INARI
Japan

Inari ist die Reisgöttin, aber auch die mythische Füchsin, die in den Wäldern lebt. Die Menschen, denen sie sich zeigt, die Männer, mit denen sie schläft, belohnt sie durch üppige Reisernten. Überall in den Wäldern werden Füchsen kleine Schreine aufgestellt, zu Ehren von Inari.

20 UZUME
Japan

Die Göttin der Erotik, auch Okame genannt, wird durch Netsuke-Figuren (kleine Plastiken aus Holz oder Elfenbein) dargestellt. Sie ist die Sinnlichkeit, die Lust, die Leidenschaft. Als Amaterasu, die Sonnengöttin (siehe 21. Juli), nicht mehr aus ihrer Höhle herauskommen wollte, tanzte Uzume für sie. Sie tat das so wunderbar, so sinnlich und witzig, daß alle Menschen, die sie sahen, lachten, seufzten und klatschten. Amaterasu wurde neugierig und wollte sehen, was vor sich ging – und sah Uzume, ihre Schwester. So kam wieder Licht in die Welt.

21 MA-EMMA
Baltikum

Wo ein einzelner Baum auf einem Feld steht, wird Ma-Emma verehrt, eine Vegetations- und Erntegöttin. Sie ist ein Baum, eine Kornähre oder ein Stein. Oft werden für sie Steinhaufen zusammengetragen: ihr Altar. Sie hat keine Schreine und Tempel, ist die Natur selbst. Ihr Fest ist die Sommersonnwende, zu der große Feuer entzündet werden. Tiere, Kinder und Gegenstände werden zum Feuer gebracht, damit der Rauch der Göttin sie berührt und heilt oder auflädt. Das Fest beendet die älteste Frau des Dorfes, die eine Prozession von Frauen um das Feuer führt, Essen für die Göttin hineinwirft und sagt: Du hast mir gegeben, Mutter, jetzt gebe ich dir. Nimm von mir an, was ich von dir angenommen habe.

22 ARIANRHOD
Wales

Die Göttin des Silberrads ist die Schutzgöttin der Zauberei. Sie lebt mit ihren Freundinnen sehr einsam auf der Insel Caer Arianrhod nahe der Küste. Ihre Magie webt sie in ihrem Schloß am Meer. Ihre Haut ist hell und glatt. Sie hat einen magischen Stab, mit dem sie alle Formen wandeln kann. Sie ist die Schutzgöttin der Frauengemeinschaften und der Frauenmagie. Zauberstäbe sollten ihr geweiht werden.

23 NIKTA
Griechenland

Nikta, die Nacht, die Göttin der Dunkelheit und der dunklen Kräfte, kommt ursprünglich wohl aus Nordafrika. Sie wurde nicht in Tempeln verehrt, sondern unter dem nächtlichen Sternenhimmel. Das Licht der Sterne ist die Energie, die sie den Frauen schenkt. Sie gebar den Tag und holt ihn wieder zu sich. Auf ihren schwarzen Schwingen reisen Frauen zum Ursprung ihrer Magie.

24 WARI-MA-TE-TAKERE
Polynesien

Die Göttin Wari-Ma-Te-Takere ist Ursprung und Boden allen Lebens. Sie lebt in einer Kokosnußschale und bringt parthenogenetisch alles hervor, was es auf der Welt gibt. Der erste Teil ihres Namens bedeutet „Schlamm“, sie verkörpert auch den schöpferischen Urschleim der Frauen.

25 MAMI WATA
Westafrika

Mami Wata, die uralte Meergöttin, die Frau des Wassers, die Mutter alles Fließenden, wird an der ganzen westafrikanischen Küste verehrt. Delphine sind ihre Tiere, ihre Farbe ist Weiß, und weiß sind auch die Kleider, die die Priesterinnen der Mami Wata tragen, wenn sie die Göttin im Meer besuchen. Sie singen und tanzen für sie, bedanken sich für Fülle und Wohlstand, bitten um reichen Fischfang und bringen ihr Geschenke. Mami Wata liebt es, wenn die Menschen lustig sind und sich freuen.

Wer sie rufen will und Feste für Mami Wata feiert, soll tanzen, trommeln, singen, lachen, essen und trinken und die Göttin teilhaben lassen.

26 Lau
Süddeutschland

Die „schöne Lau“ ist eine Wassergöttin, die im Blautopf bei Ulm lebt. Dieser Blautopf ist Teil eines unterirdischen Süßwassersystems, das bis zum schwarzen Meer geht. Lau singt verführerische Lieder und zieht Menschen in die Tiefe, lockt sie in ihr Reich, ins Verderben, aber auch ins Glück ihrer tiefen Verheißungen. Männer verfallen ihr und zerstören sich. Frauen lernen von ihr die Geheimnisse des Wassers, des Gesangs, der Strömungen.

27 Muk Jauk
Kambodscha

Ihr Name heißt „Schwarze Frau“. Sie verkörpert die Erde und die Nacht, ist eine Ursprungsgöttin, die Leben bringt und nimmt. Verehrt wird sie in Höhlen und großen Steinen. Steine werden auf den Hausaltar gelegt, damit sie die Menschen beschützt und nährt.

28 Lorop
Mikronesien

Lorop warf Sand ins Meer und schuf Inseln. Sie kauerte sich auf eine Sanddüne und gebar ihre Tochter. Die Nahrung holte sie aus dem Meer, indem sie tauchte, Zaubersprüche mit ihren Händen ins Wasser wob und Früchte und Fische herauszog. Für Lorop werden Löcher in den Sand gegraben, in die die Menschen Muscheln und Nahrung legen, damit sie Fischfang und Ernte günstig beeinflußt.

29 OHOYO
Cherokee, USA

Ohoyo war da, als niemand anders da war. Eines Tages blutete sie, stellte ein Gefäß über das Blut am Boden und zog daraus ihr Kind. Sie rief Mais und Bohnen, um ihr Kind zu füttern, und stellte später auch den Menschen Nahrung zur Verfügung. Sie ist die Großmutter aller Cherokeestämme und sorgt für Wohlstand.

30 ESTSAN ATLEHI
Navajo, USA

Estsan Atlehi, Changing Woman, ist eine Ursprungsgöttin, die Frau, die sich und alles wandelt. Sie bringt die Jahreszeiten, das Leben in der Natur. Sie wurde auf einem Blumenbett geboren, ein Regenbogen deckte sie zu. Aus ihrem Körper wuchsen die vier Berge, an denen die Navajo sich orientieren. Sie rieb ihre Haut und brachte auf diese Weise das Volk der Navajo hervor. Ihr Lied ist The Blessing Way – der Weg des Segens. Sie lehrt die Weisheit der alten Felsen, des Sandes, des Wachstums kleiner Pflanzen. Im Winter schläft sie unter der Schneedecke, im Frühling steht sie auf und küßt die Natur wach.

Walk in Beauty, schreite in Schönheit, ist Estsan Atlehis Gruß und ihre Erinnerung daran, daß wir mit der Natur in Frieden leben sollen.

Juli

1 ## ARINNA
Kleinasien

Die hethitische Sonnengöttin heißt Arinna. Sie wird auf Berggipfeln verehrt und gefeiert. Auf Bergplateaus werden ihr Tempel errichtet. Die Sonnwenden sind ihre Feiertage. Das Sonnenlicht ist ihre Lebenskraft. Die „Mutter der Sonne" wird bei Krankheit, bei Schwäche, nach langer Dunkelheit und auch bei langen Schlechtwetter-Perioden gerufen.

2 ## FATA MORGANA
Italien

Die Fee Morgana wohnt in einem Kristallpalast in den grünen Tiefen des Meers. Sie ist die Hüterin allen Zaubers, aller Wandlungen und der Bilder und Träume, die Wirklichkeit weben. Jede Vision, jede Imagination, die eine Frau materialisieren will, geht durch das Reich der Fata Morgana. Ihr bretonischer Name ist Morgaine, Meerfrau. In Irland und England heißt sie Morgana und ist die Mutter der magischen Spiegelungen und der Zauberei.

3 ## GUANYIN
China

So wie der tibetische Buddhismus nicht um Tara (siehe 18. August)) herumkam, ist für den chinesischen Buddhismus Guanyin unumgänglich. Sie war einfach schon so lange da, daß sie nicht wegzudiskutieren, geschweige denn wegzudenken ist. Sie ist die Frau, die mit allen Wesen fühlt, allen Wesen nahe ist. Sie ist die Verkörperung der Göttin als Frau, die Erinnerung daran, daß Göttinnen einmal lebendige Frauen aus Fleisch und Blut waren und es noch sind. Ihr Name heißt: „Die die weinenden Wesen hört." Ihre Attribute sind Regenbogen, Weidenzweig, Kugel. Ihre Hände zeigen das Zeichen des Rufens und Bannens. Oft begleitet sie ein Drachenmädchen, das Großzügigkeit und Glück verkörpert.

4

Jecha
Deutschland

Jecha wurde hauptsächlich in Thüringen und im Harz verehrt. Sie ist eine Göttin der Jagd – der Jagd nach Worten. Das macht sie zur Schutzgöttin aller Frauen, die mit Worten umgehen, mit Schreiben, Erzählen, mit magischen Worten, mit dem Rufen durch Worte, das vielleicht am besten das englische Wort *spell* beschreibt: Es heißt einerseits Zauber und andererseits buchstabieren.

5

Anahita
Indien, Persien, Babylonien

Die Reine, Klare, Starke, Feuchte: Das bedeutet der Name Anahita. Sie verkörpert alle Eigenschaften des Wassers. Ein kosmischer Strom kommt aus einer Quelle im Universum und fließt durch sie, durch das Nennen ihres Namens in die Welt. Sie gebietet über alles Fließende, über Tränen, Blut, Körpersäfte, Milch, das fruchtbare Wasser, die Überschwemmung. Sie ist Mutter und Kriegerin zugleich. Sie trägt viereckige Ohrringe und ein Diadem aus Gold. Grüne Zweige und weiße Blüten werden ihr dargebracht.

6

Rabie
Indonesien

Die Mondgöttin Rabie lebt dem Mythos nach nicht im Himmel, sondern auf der Erde. Ihre Eltern wollen sie vor dem brennenden Einfluß der Sonne schützen und schicken sie in den Nachthimmel, wo sie zyklisch drei Tage lang verschwindet und so den spirituellen Tod und die Wiedergeburt symbolisiert. Dann wird ein Begräbnisritual gefeiert, sie wird gerufen, und wenn sie erscheint, wird die neue Kraft getanzt, gesungen und gefeiert.

7 Tien Hou
China

Als Mei chou geboren, war die spätere Göttin Tien Hou eine große Zauberin und Schamanin. Sie fiel in Trance und konnte so große Strecken überwinden und Wunder wirken. Einmal, als sie lange und tief in Trance war, machte sich ihre Mutter Sorgen und weckte sie. Sie kam zurück und war sehr ungehalten. Ihre drei Brüder, die Seefahrer waren, drohten zu ertrinken. Zwei hatte sie retten können, indem sie übers Wasser lief und sie aufs Land holte, aber als sie den jüngsten Bruder holen wollte, wurde sie aus der Trance gerufen. Sie begleitet Frauen, die ihre Tranceräume erkunden.

8 Tamar
Palästina

Tamar ist eine uralte Erdgöttin, Prophetin und Seherin. Sie lebte auf der Erde und wirkte über ihre spirituelle Kraft. Sie wählte ihren Liebhaber für ein Jahr und steht so für die alte Ordnung der Erneuerung und des Wandels. Ihre Verehrungsorte sind vornehmlich Zedernhaine. Zederzitrone und Granatapfel sind ihre Früchte.

9 Devi
Indien

Viele Göttinnen tragen den Beinahmen Devi, es gibt auch die guten Geister, die Dewas heißen, aber Devi selbst ist die Verkörperung des göttlichen, weiblichen Prinzips an sich. Sie gebiert alles, sie bewirkt Zusammenschluß, Bindung und Lösung, Trennung. Sie ist die Kraft, ohne die alles formlos und ungestaltet wäre. Sie ist Anfang und Ende. Wer den Ur-Puls weiblicher Energie sucht, kann Devi rufen.

10 Nechbet
Ägypten

Die Geiergöttin wird entweder als Frau mit einem Geiergefieder oder als Vogelgöttin mit Geierkopf dargestellt. Sie sorgt dafür, daß die Seelen den verfaulenden Körper verlassen, und räumt auf. Sie ist auch die Geburts- und Todesgöttin, die Säugende, die Nährende. Hauptsächlich aber scheidet sie das Tote vom Lebenden und wacht darüber, daß Lebendiges nicht in die Totenwelt gezogen wird.

Von ihr erfährst du, was an dir lebt und was abzusterben droht. Sie gibt die Kraft, dich wieder lebendig zu sprechen. Ihr Symbol ist das Ankh-Zeichen, ursprünglich Zauberstab, später Herrscherstab, das zum Frauenzeichen wird. Sie bringt Klarheit, Unerbittlichkeit, Wissen.

11 Chalchihuitlicue
Mexiko

Nach dem aztekischen Mythos leben wir jetzt in der fünften und letzten Welt. Die vierte wurde durch eine Flut zerstört, die Chalchihuitlicue schickte, um die Menschen zu strafen. Der Regenbogen ist die Verbindung dieser zerstörten vierten Welt zu unserer fünften und auch das spirituelle Zeichen einer Verbindung. Die Brücke für jene, die bereit sind, Zeichen zu lesen und Botschaften zu verstehen.

Die Göttin im Jade-Rock gebietet über alle Wasser. Blau und Jadegrün sind ihre Farben, Lilien ihre Blumen.

12 TINNIT
Tunesien

Tinnit, die Nährerin, die Amme, ist die Gründerin Karthagos. Einige Priesterinnen, aus Griechenland vertrieben, kamen dort an Land, wo später Karthago entstand. Sie baten den Herrscher um etwas Land, soviel wie auf eine Kuhhaut geht. Das erschien ihm bescheiden, er erlaubte es. Sie trennten eine Kuhhaut in so feine Streifen, daß der Raum, den die in Streifen aufgetrennte Kuhhaut umfaßte, den Umfang der Stadt Karthago ausmachte. Daher kommt der Spruch: Das geht auf keine Kuhhaut. Tinnits Symbole sind Granatapfel, Feige, Ähre und die Taube. Ihr Zeichen ist ein Dreieck mit einem waagerechten Balken darüber, auf dem eine Scheibe liegt.

13 NOGAN DARAEKE
Tibet

Die Göttin der Freude und der Wohltaten lebt im Potala-Berg, auf dem der Tempel des Dalai Lama steht. Sie gilt als eine der Schutzgöttinnen Tibets und sorgt auch für die Seelen der Verstorbenen. Sie wird zu Bestattungen gerufen, aber auch wenn Menschen in Not sind. Sie lindert Qualen und Not.

14 YAL-UN-EKE
Mongolei

Die alte mongolische Feuergöttin hütet das Feuer in den Jurten und paßt auf, daß kein Brand entsteht. Sie ist die Göttin des Herdfeuers. Ihr wird bei jeder Mahlzeit Milch und ein wenig Nahrung geschenkt, insbesondere Butter. Sie wird auch Buttergesicht genannt, die „mit der Glut aus der goldenen Butter“. Wer ein Feuer entzündet, ruft Yal-un-eke dazu.

15 FORTUNA
Italien

Fortuna, Göttin des Glücks und des Überflusses, wird mit einem Füllhorn dargestellt, aus dem alles fließt, was eine braucht. Ihr Name bedeutet Glück und Zu-Fall zugleich. Sie steht für das, was dir zufällt, weil du Vertrauen hast, was du dir nicht erarbeiten, verdienen kannst und sollst.

Sie erinnert Frauen, daß Glück ein vitaler Bestandteil des Lebens ist.

16 SCHAWUSCHKA
Kleinasien

Die hethitische Göttin des Feuers, der Liebe, der weiblichen Macht wird, wie Ischtar (siehe 4. August), mit entblößten Brüsten dargestellt, die sie mit beiden Händen präsentiert. Eine Geste, die sich später in ganz Afrika als Haltung der Macht durchgesetzt hat. Sie hat Flügel und wird gern als Dämonin bezeichnet. Aber sie ist die Göttin des Orakels, der Träume, der Zeichen. Sie ist die Traumweberin und Zaubersprecherin. Frauen, die sich mit Magie beschäftigen, können sie rufen.

17 TANAQUIL
Italien

Ursprünglich Königin von Rom, ist sie auch Göttin des hellen Sehens und wahren Sagens. Sie ist die Gebieterin, die Königen nach ihrem Willen Macht gibt und nimmt. Sie nimmt ihren Raum ein.

Frauen, die ein Problem haben, ihren Raum einzunehmen, zu leben und zu erweitern, brauchen die Macht Tanaquils.

18

Radha
Indien

Die göttliche Hirtin Radha wird auch als die Große Elefantenkuh beschrieben. Sie ist die Schutzgöttin aller Herdentiere und ihrer HüterInnen. Als Elefantenkuh verkörpert sie starke Sinnlichkeit, sexuelle Kraft und Loyalität zu denen, die sie liebt.

19

Puzza
China

Drei Himmelsfrauen stiegen auf die Erde und badeten in einem Fluß. Eine fand eine Lotusblüte und küßte sie. Davon wurde sie schwanger und war fortan an die Erde gebunden. Sie wurde zur nährenden, beschützenden Muttergöttin. Dargestellt wird sie auf einer Lotusblüte, mit Heiligenschein und achtzehn Armen. Sie gilt als Vermittlerin zwischen himmlischen und irdischen Wesen.

20

Oona
Irland

Die schönste aller Feenköniginnen hat goldene Haare, die die Erde streicheln. Ihr Kleid ist der Morgentau, ihre Stola die grüne Erde. Sie sitzt auf Hügeln und Steinmauern zwischen Feldern und Wiesen. Oona singen zu hören, ihr Haar zu sehen, bringt Glück. Sie ist die Schutzgöttin der Phantasie und der täglichen Wunder.

21

Amaterasu
Japan

Die Hauptgöttin des Shintoismus, der einzigen Weltreligion, die eine Göttin verehrt, wird auch „der strahlende Himmel“ oder „die

Mutter des Mittags" genannt und ist eine Sonnengöttin. Eine Kette aus fünf Perlenschnüren ist ihr heilig. Sie wird auch mit einem Bogen und tausend Pfeilen dargestellt. Wenn sie sich nicht zeigen mag, wird getanzt und gesungen, bis sie Lust hat, wieder herauszukommen. Einmal zog sie sich lange in ihr Heim des Zorns zurück. Eine junge Göttin tanzte für sie und hatte sich so strahlend schön geschmückt, daß Amaterasu neugierig wurde und aus ihrer Höhle kam. Schnell machten ein paar Leute die Höhle zu, damit Amaterasu nicht wieder verschwinden konnte, und erreichten so, daß das Sonnenlicht wieder auf die Erde kam. Seitdem wird in Japan einmal im Jahr ein großes Tanzfest für Amaterasu gefeiert.

22 EIR
Nordeuropa

Die mythische Frau oder Göttin der Asen war eine begnadete Ärztin, die zu allen schweren Krankheiten gerufen wurde. Sie hat heilende, totenerweckende Kräfte, heilt aber nur Menschen, die sie heilen will. Ihr Name heißt „Hilfe" oder „Gnade", das deutet auf eine alte Leben- und Todgöttin. Wer hoffnungslos krank ist, kann sie rufen und gesund werden. Irland heißt in der Landessprache *Eire*, vielleicht gibt es da eine Verbindung zur heilenden Göttin Eir.

23 JUNO
Italien

Juno – in Griechenland heißt sie Hera – ist die Göttin der Gemeinschaft im weitesten Sinn. Auch als Göttin des Herds wird sie erwähnt. Sie wurde früher von Hausfrauen zu Hilfe gerufen, um den Frieden im Haus zu wahren und die Geschicke der Frauen positiv zu lenken. Ihre goldenen Äpfel wurden von den Hesperiden gehütet. Juno gilt auch als die Göttin der Erbschaft. Sie sorgt für das Recht der Frauen und schenkt ihnen Wohlstand. Sie ist auch für Leidenschaften, Eifersucht, verzehrende Liebe zuständig und wird von hoffnungslos liebes-unglücklichen Frauen angerufen.

24 DAPHNE
Griechenland

Eine Nymphe, die den Tieren verbunden ist, auch eine Göttin der Wahrsagerei ist Daphne. Als sie von Apollo bedrängt wurde, der mit den Nymphen heimlich baden wollte, verwandelte sie sich in einen Lorbeerbaum, und die Nymphen durchbohrten Apollo mit ihren Speeren. Der Lorbeer ist Daphne heilig, in ihm verkörpert sie sich. Lorbeer ist wahrsagekräftig, der Rauch erzeugt Visionen: die Visionen der Daphne.

25 KUPALO
Rußland

Die Sommersonnwendgöttin Kupalo verkörpert die Fülle des Sommers, die Kraft, das jugendliche wilde Feuer. Eine Strohpuppe, die als Frau bekleidet ist, repräsentiert die Göttin. Manchmal werden auch junge Birken geschält, oben bleibt nur ein Blätterbüschel für ihre Haare, man hüllt die Birke in Tücher und feiert mit ihr die Göttin. Junge Frauen und Männer springen, die Strohgöttin im Arm, über ein hohes Feuer. Am nächsten Tag gibt es ein rituelles Bad, dann wird die Strohpuppe in den Fluß gelegt. Mit ihr schwimmt alles fort, was die Dorfgemeinschaft loswerden will.

26 LUA
Italien

Der etruskischen Friedensgöttin Lua wurden die erbeuteten Waffen der Gegner geopfert und in einem Feuer für sie verbrannt. Sie hält Unheil und Krieg von den Menschen ab. Sie fördert die Gemeinschaft und die Friedlichkeit zwischen Menschen. Lua ist eine Schutzgöttin, der Kerzen und Öl geschenkt werden.

27 KYBELE
Kleinasien

Die Muttergöttin Kybele, die im ganzen vorderen Orient verehrt wurde und wird, hat zwei Löwinnen als Begleittiere. Nur Frauen können ihre Priesterinnen sein, weil sie menstruieren und somit das Leben verkörpern. Junge Männer kastrierten sich, um Priester für Kybele werden zu können. Menstruationsblut ist ein wesentlicher Bestandteil des Kybelekults. Es ruft die Fruchtbarkeit in die Felder und Freude in die Frauen. Kybele wird oft mit Brüsten dargestellt, aus denen Wasser strömt.

In alten Zeiten wurde Kybele in einem schwarzen Stein verehrt. Es heißt, daß der heilige Stein des Islam, die Ka'aba (was soviel wie Jungfrau heißt) ursprünglich der Kybele geweiht war. Byblos, Alexandria und Paphos sind einige der Hauptverehrungsorte der Kybele.

28 BUBASTIS
Ägypten

Die Mond- und Geburtsgöttin Bubastis ist auch die Katzengöttin (sie heißt auch Bast oder Bastet). Sie wird als Katze dargestellt. Der Nil ist ihr heiliger Fluß, in Bubastus steht ihr Haupttempel. Die besonderen Kräfte der Katzen sind auch ihre besonderen Eigenschaften: Frei, wild, ungezähmt, lustvoll ist ihre Energie, aber sie ist auch ein Raubtier und holt sich, was ihr zusteht. Das alljährliche Fest der Bubastis ist heute noch berühmt: ein orgiastisches, lustvolles, wildes Fest der Frauen und Katzen. Im Tempel der Göttin fanden sich viele Katzenmumien.

29 ANATH
Kleinasien

Sie ist Kriegerin, Beschützerin, Mutter und Jungfrau. Obwohl sie „die Mutter der Völker“ ist, hat sie sich keinem Mann hingegeben, das heißt, daß sie sich parthenogenetisch fortpflanzt; obwohl sie Lust und Sinnlichkeit verkörpert, hat kein Mann je ihren Körper gesehen. Sie gilt als blutdürstige Rächerin. Ekstase und Schrecken schenkt sie. Sie verkörpert die Kampflust in jeder Frau.

30 MACHA
Irland

Macha, die mythische keltische Königin und Göttin, hat feuerrote Haare, ist stärker als jeder Mensch, kann schneller laufen als der Wind und wurde nie von einem Mann besiegt. Sie gehört dem Feenvolk an. Sie verheiratete sich mit einem Menschenmann. Als dieser vor dem König mit ihrer Stärke prahlte, mußte sie mit dem Pferd des Königs um die Wette laufen. Obwohl sie schwanger war, gewann sie, rächte sich aber und stürzte den Mann, seinen Stamm, den König, das ganze Reich ins Verderben. Seitdem zeigt sie sich nur noch Frauen, die Stärke brauchen, um sich zu behaupten. Macha gibt der Welt Zunder, wir können ihn bei ihr holen.

31 NONA FLUOR
Graubünden, Schweiz

Die Großmutter der Blumen ist eine uralte Vegetationsgöttin, die im Bündnerland noch immer fortlebt. Sie weckt im Frühling die Blumen, bringt im Sommer die Fülle, holt die Pflanzen in die Erde, wenn es Herbst wird, und erneuert im Winter das Leben, indem sie die Wurzeln heilt. Nona Fluor hilft uns, die Natur zu schützen. Und sie bringt Frauen, die sich verirren, auf den rechten Weg.

AUGUST

1 **HATHOR**
Ägypten

Hathor ist die heilige Himmelskuh, die die Milch des Lebens schenkt. Dargestellt wird sie mit Hörnern und der Mondscheibe dazwischen, in der Hand hält sie das Ankh-Zeichen, das später Symbol für den Planeten Venus und die Frauen wurde. Ihre heilige Zahl ist die Sieben. Sie ist die Mutter aller Götter und Göttinnen.

2 **ALLAITURAHE**
Kleinasien

Die hethitische Orakelpriesterin, die den Status einer Göttin hatte, warf das Kieselorakel und wurde von Fürsten zu Rat gezogen. Steine sind ihr heilig. Ratsuchende sprechen ihre Probleme in die Erde und bekommen Zeichen in Form von Steinen als Antwort.

3 **SAGA**
Nordeuropa

Die altnordische Saga, die mit Odin trinkt und ihm erzählt, ist die Göttin der mündlichen Überlieferung, der Geschichte. Sie hütet die Geschichten der Frauen, sorgt dafür, daß sie erzählt werden. Sie hält die Ereignisse in uns wach, so daß wir uns wieder erinnern. Wer schreiben und erzählen, wer sich erinnern will, ruft Saga. Im Altnordischen heißen die Göttin und die Erzählung Saga.

4 **ISCHTAR**
Babylon, Kleinasien

Ischtar, der helle Stern (Venus hieß in der babylonischen Astrologie Ischtar), ist die Göttin des Himmels und der Menschenfrauen.

Sie präsentiert ihre Brüste mit den Händen als Zeichen der Nahrung, aber auch der Macht. Sie gab sich niemandem, sie ist die Aus-sich-selbst-Schöpfende. Göttlich, menschlich, tierisch – Ischtar ist weibliche Energie in jeder Form. Sie war auch die höchste Richterin, an die Frauen sich wandten. Ischtar wird gerufen, um die Welt wieder ins Lot zu bringen. Ischtars Unterweltreise führt durch sieben Tore. Bei jedem Tor läßt sie etwas zurück: ihre Krone, ihre Juwelen, ihre Ringe, ihre Machtsymbole, zum Schluß ihre Kleider. Dann steigt sie als Lichtgöttin wieder auf, erneuert, strahlend, mächtig. Ischtar ist die Göttin der Lust und Sinnlichkeit. Ihr Gesang ist süßer als Honig und Wein, ihre Haut wie Sahne. Sie weckt in Frauen das Verständnis für zyklische Kraft.

5

Haband
Deutschland

Die uralte Feenkönigin Haband hat sich in früheren Zeiten oft auf Schlössern, in verlassenen Burgen oder Häusern sehen lassen. Sie lebt mit ihren Dienerinnen und Freundinnen in Laubwäldern. Sie ist besonders den Pferden verbunden: Es wird berichtet, daß Haband und ihre Schar in Pferdeställen nachts die Tiere gestriegelt und betreut und kranke Tiere geheilt haben. Wo Haband mit ihren Frauen auftaucht, hat die Not keinen Platz. Sie wird mit Blütenkränzen, die im Garten, auf dem Balkon oder im Wald ausgelegt werden, gerufen. Sie liebt Gesang und Tanz und erfüllt Wünsche.

6

Balkis
Arabien

Balkis, die sagenhafte Königin von Saba, wird auch Bilqis genannt. Sie ist mit wundervollen Edelsteinen geschmückt, weiche Schleier umfließen ihren Körper. Sie ist eine Meisterin der Poesie und der Anrufung. Ihre Briefe an Salomo durch den Vogel Hudhud sind berühmt. Ihre Sprache kann rufen und bannen und wünschen. Ihre Worte sind lebendige Bilder; was sie aus Buchstaben zusammensetzt, entsteht in der Wirklichkeit. Sie gilt als die Gebieterin, die sich holt, was sie will. Als sie beschloß, Salomo zu heiraten, stellte sie einen prächtigen Karawanenzug zusammen und reiste zu ihm. Sie gilt als die Verkörperung der selbstbestimmten Liebe.

7 PALDEN LHAMO
Tibet

Die mächtige, furchterregende Göttin und Dämonin Palden Lhamo wachte in der vorbuddhistischen Bön-Tradition über Tibet. Der Potala ist ihr Sitz, vorsichtshalber hat der Dalai Lama sie als Schutzgöttin erkoren. Palden Lhamo verkörpert Leben und Tod, weibliche Macht und unerbittliches Recht. Wer ihr gegenübertritt, muß wahrhaftig, bescheiden und zugleich kühn sein. Palden Lhamo führt in die Unterwelt, in die Reinigung durch Angst und Schrekken und daraus resultierende Gelassenheit und Weisheit.

8 GANGA
Indien

Die Flußgöttin Ganga ist zugleich der Fluß Ganges, Hauptschlagader des Lebens in Indien. Sie wird als Frau mit Fischleib, die auf dem Wasser schreitet, dargestellt. Ganga nährt, tötet, wäscht alles fort und bringt es neu zurück. Sie legte Schiwa scherzend die Hände auf die Augen – für die Welt dauerte das Generationen, in denen das Licht verschwand, das Leben erlosch. Als sie die Hände zurückzog, strömte aus ihren Fingern Wasser, daß die Welt zu ertrinken drohte. Sie hatte ein Herz für die Menschen und zügelte die Fluten. Unterhalb der drei Baghirati-Schwestern (drei Himalayagipfel) entspringt sie. Ihr Sand liegt wie ein silberner Schleier auf allem und heilt, beruhigt, befriedigt und reinigt die Menschen.

9 PYTHIA
Griechenland

Pythia ist die universelle Orakelpriesterin und -göttin von Delphi. Eine Frau mußte mindestens fünfzig Jahre alt sein, um die Kraft aus der Erde von Delphi zu ertragen und Pythia verkörpern zu können. Auf einem dreibeinigen Hocker sitzend kaut die Pythia Lorbeerblätter. Im aufsteigenden Lorbeerrauch gerät sie in Trance. In dieser Trance weissagt sie.

Die Kunst der Pythia ist verschlüsselt. Um sie zu verstehen, mußt du aus deinen alten Mustern ausbrechen und die Welt verrücken.

10 BIMBAJO
Papua-Neuguinea

Ihr Name heißt „gute Göttin“, sie ist eine Mondgöttin, die mit dem Mondboot die Überfahrt zwischen hiesiger und jenseitiger Welt ermöglicht. Sie wird zu Todkranken gerufen, der Abendstern ist ihr Symbol. Ihr Begleittier ist ein Hund, und oft tragen Menschen in Neuguinea Hundezahnketten, um die Kraft und den Schutz der Göttin zu rufen.

11 NANAJA
Kleinasien

Die altmesopotamische Mondgöttin Nanaja wird mit einer Mondsichel auf dem Kopf dargestellt und steht für Wandel und alle zyklischen Energien, das Wachsen, die Fülle und das Vergehen. Außerdem ist sie zuständig für die Sinnlichkeit und Sexualität der Frauen.

Orgiastische Feste feierten Frauen für sie, in denen sie sich liebten und im Mondlicht badeten.

12 FREYA
Nordeuropa

Die altskandinavisch-germanische Liebes- und Muttergöttin fährt in einem Wagen, der von ihren Katzen gezogen wird. Der Wald ist ihr bevorzugter Ort, darin hütet sie die Tiere. Sie ist die Beschützerin aller freien Frauen. Wer sie anruft, hat Glück in Liebesangelegenheiten. Obwohl Freya eine Fruchtbarkeitsgöttin ist, wird sie mindestens genausooft gerufen, wenn es darum geht, eine Schwangerschaft zu beenden. Sie ist auch die Göttin der Magie und Gebieterin der Nacht. Frauen, die Freya für ihre Wünsche rufen wollen, tun dies am besten am Freitag, dem Tag der Freya. Ihr Name bedeutet „mächtige Frau, Gebieterin".

13 XOCHIQUETZAL
Mexiko

Diese Mondgöttin des alten Mexiko, deren Name „aufrechte Blume" bedeutet, ist eine Vegetationsgöttin, die für das Wachstum der Pflanzen zuständig ist, und Schutzgöttin des weiblichen Handwerks. Oft wurde sie in Stoffen als Blume eingewebt. Ob Frauen töpferten oder andere Arbeiten machten, stets riefen sie Xochiquetzal dazu, denn sie fördert alles schöpferische Tun der Frauen.

14 SEKMET
Ägypten

Die ägyptische Sonnengöttin Sekmet mit dem Löwinnenkopf ist den Menschen und insbesondere den Männern nicht wohlgesonnen. Hätte nicht Ra, der Sonnengott, einen Spezialtrunk gebraut, der sie umwarf, hätte sie die ganze Menschheit niedergemetzelt. Sekmet gilt als die zerstörerische Kraft der Katzennatur. Ihr Herz hüpft, wenn Männer sterben. Sie ist die verbündete Göttin aller

Frauen, die Grund haben, Männer zu hassen. Sekmet hat ein scharfes Auge auf die menschliche Entwicklung. Frauen, die diese problematisch finden, haben in ihr eine zuverlässige Verbündete.

15 WALPURGA
Deutschland

Die heilige Walpurga und Walburg, die Seherin, sind ein Beispiel, wie im frühen Mittelalter die Kulte noch vermischt wurden und es eigentlich keine Rolle spielte, ob eine christlich oder germanisch war. Walpurga wird mit drei Ähren und einer Ölflasche dargestellt, sie war Heilerin. Walburg ist die Seherin, die im Lauf der Zeit mit Walpurga verschmolz. Heute sind mit Walpurga heilende und seherische Fähigkeit verbunden. Am 15. August, Frauenbuscheltag, wird sie gerufen, damit sie Kräutern und Ölen Heilkraft verleiht.

16 VIVIANE
Bretagne

Die keltische Fee ist eine mächtige Zauberin. Sie lebt im Wald von Brocéliande. Im nahen Val sans Retour hat sie ihre Liebhaber festgebannt, auch Merlin hat sie hier festgesprochen, als er sich ihr nähern wollte. Viviane kann jung und schön sein, aber auch alt und mächtig. Die Haare, die man oft an Weidezäunen findet, gelten als die Haare der Viviane; wer sich ein Armband daraus macht, bindet ihre Sympathie. Viviane lehrt furchtlose Frauen das Zaubern.

17 SEDNA
Inuit, Alaska

Tief unten auf dem Meeresgrund lebt Sedna, die Mutter der Meere und aller Tiere im Meer. Sie hat einen Kessel, in dem sie alle Tiere kocht, die es auf der Erde gibt. Der Weg zu ihr führt über eine eisig-gefrorene Brücke, wo die Gefahr besteht, auszurutschen und tödlich abzustürzen. Die SchamanInnen der Inuit brachten auf ihren Trancereisen zu Sedna einen Kamm mit, denn sie liebt es, gekämmt zu werden und dabei Geschichten zu hören. Sie versorgt die Menschen mit Nahrung und lehrt sie, Geschichten zu erzählen.

18 TARA
Tibet, Nepal, Indien

In einundzwanzig Formen erscheint Tara, die Heilerin, Retterin, nährende Göttin, große Mutter, Wandlerin, Beschützerin vor Gefahren. Sie ist die allumfassende Göttin des Himalaya, sie war da, als niemand sonst da war. Der Buddhismus gab ihr die zentrale Stellung als Muttergöttin. Dazu gilt sie als Sternengöttin, als universelle weibliche Kraft und als Meisterin der mystischen Erkenntnisse. Lotusblume, Türkis und Koralle sind ihre Symbole. Tara wird, besonders in Tibet, vor allem von Frauen, verehrt. Tara hilft in diesem Leben und macht den Übergang in andere Seins-Ebenen leicht. Tara hilft, das Spielerische im Leben zu erkennen.

19 WAHINI HAI
Polynesien

Die Königin der Unterwelt und dämonische Urfrau ist furchterregend. Vor ihr zittern die Menschen noch heute, denn sie ist die Gebieterin der Erde. Sie läuft über Wasser und Land, ihre Zunge hängt bis zum Boden, sie frißt Lebewesen – Menschen, Tiere und Pflanzen – und speit sie wieder aus, so daß sie zu einer Leben-und-Tod-Göttin wird. Sie gebietet über Zeit und Raum. Niemand kann sie beschwören oder rufen. Sie kommt und geht in ihrem eigenen Rhythmus. Wer sie verehrt und ihr einen Schrein baut, die lehrt sie die Gesetze der Sterblichkeit und der Unsterblichkeit.

20 PACHIAMAMMA
Peru

Pachiamamma ist die Drachengöttin der Inka, Erdgöttin, Mutter und Schützerin der Menschen. Zu ihr kommen Frauen mit ihren alltäglichen Problemen. Wenn sie vor Lust oder Zorn erzittert, gibt es Erdbeben. Sie wird verehrt, gefeiert, geliebt. Oft wird sie mit vielen Kindern an ihrem Körper dargestellt, was auf ihre Schutzfunktion deutet. Zur Erntezeit streuen ihr die Frauen Maismehl auf die Felder. Mais ist ihre heilige Pflanze.

21 DEMETER
Griechenland

Die Erd- und Fruchtbarkeitsgöttin Demeter (die römische Ceres, siehe 21. April) trägt den Beinamen Melissa, die Biene und „Apfeltragende". Sie bringt Fülle, Nahrung und Lust. Als ihre Tochter Persephone in die Unterwelt entführt wird, läßt sie alle Vegetation verdorren. Baubo (siehe 24. Mai) tanzt für sie, sie entblößt ihr Geschlecht, erheitert Demeter und stimmt sie um. Wie ihre Tochter halb in der Unterwelt und halb bei ihr lebt, läßt sie die Erde halb fruchtbar und halb verdorrt sein. Kornähren, Honig, Äpfel sind ihre Nahrung und gehören auf ihren Altar, wenn sie gerufen wird.

22 GUL-SCHESCH
Kleinasien

Die Gul-Schesch ist Schicksalsgöttin, eigentlich sind es drei Schwestern, wie die Moiren (siehe 13. April) oder die Nornen (siehe 30. Dezember): Spinnerinnen des Lebensfadens, Orakelmächtige und Zauberfrauen. Gelegentlich werden sie auch als Schreiberinnen bezeichnet, was bedeutet, daß sie ihrer Magie in Form von Zeichen Gestalt geben. Sie bringen Leben und Tod, vor allem bringen sie Frauen, die dazu bereit sind, Wissen über Magie. Ihr Orakel ist ein Kieselsteinritual: Ein Stein wird im Feuer erhitzt und ins Wasser geworfen. Das Geräusch, ob und wie der Stein springt, wird gedeutet. Wer die Gul-schesch ruft, versteht es.

23 TAZI
Mexiko

Die Erdmutter Mexikos wird auch „die Allumfassende" genannt. Sie ist die Erde, die Höhlen, die Berge, die Nahrung, die Dürre. Sie ist alles, was aus der Erde kommt, und alles, was in die Erde zurücksinkt. So wird sie hauptsächlich im Freien verehrt und beopfert. Sie ist die Mutter der Maiskolben und Maisrasseln.

24 ICO
Kanarische Inseln

Die Guanchenkönigin Ico regierte in der Übergangszeit vom Matriarchat zum Patriarchat, von der es noch viele Zeugnisse, speziell auf Lanzarote, gibt. Sie wurde als Königin erst nicht anerkannt, weil sie von einem fremden Herrscher gezeugt worden war. Mit drei alten Frauen sperrte man sie in eine Lavahöhle und machte eine „Rauchprobe". Die Frauen hatten nasse Schwämme bei sich, wodurch sie überlebten. So wurde sie die, die durch drei alte Frauen zur Macht kam. Noch heute bringen Frauen nachts Lichtopfer in die Lavafelder und bitten Ico, die Vulkane im Zaum zu halten.

25 GILTINE
Litauen

Giltine ist die mächtige Todesgöttin. Ihr Name bedeutet „stechen". Sie tritt an das Bett Totkranker heran und sticht sie, zum Zeichen, daß sie das Reich der Lebenden verlassen werden. Sie ist immer weiß gekleidet. Giltine bringt Frauen bei, sich zu trennen oder abzutrennen, was nicht zu ihnen gehört. Sie ist die Göttin der Trennung und Entscheidung. Sie hilft, Klarheit zu finden.

26 DÖLMA
Tibet

In der Bön-Tradition Tibets ist Dölma oder DölmaLa die Göttin, die alles behütet und nährt. Dölma sitzt auf jedem Paß, auf jedem Berg, fließt mit jedem Wasser, fliegt mit jeder Wolke. Bei der Umrundung des heiligen Bergs Kailash ist der höchste Punkt, der DölmaLa-Paß, ihr Wohnort, wo ihr bunte Tücher, Bilder, Münzen und Tsampa, geröstetes Gerstenmehl, geopfert werden.

27 FAMA
Italien

Die römische Göttin der Erzählung, der Geschichten und des Gerüchts wird überall da beschworen und gerufen, wo getratscht, geratscht und erzählt wird. Sie steht für die Tatsache, daß alles, was erzählt wird, in der Welt ist. Alles, was beschrieben werden kann, kann auch verwirklicht werden. Das Gesprochene wird wahr. Erzählend wird ihre Kraft gerühmt und ihre Magie beschworen. Erzählend wirkt sie die Welt neu durch die Erzählerin.

28 CHICOMECOATL
Südamerika

Die Sieben-Schlangen-Göttin ist bei den Azteken für die Ernährung zuständig. Mais ist ihr Körper, den sie den Menschen schenkt. Schlangen sind ihre heiligen Tiere, zugleich verkörpern sie die

Göttin. Der Rasselstab ist ihr heiliges Instrument, ihre Stimme. Wer rasselnd in Trance geht, tritt mit Chicomecoatl in Verbindung.

29 ARACHNE
Griechenland

Die Weberin und Spinnengöttin Arachne wirkt so feine Gewebe, daß sich darin alles verfängt, was sie will. Sie webt Liebeszauber, Unwetter, Krankheit und Glück. Jede Spinne ist ihre Tochter. Wer Spinnen tötet, bekommt Ärger mit Mutter Arachne, die ihren Zorn in unheilvolle Bilder webt. Wer aber Spinnen Raum läßt, läßt Arachne in sich Raum und lernt, das eigene Leben zu weben.

30 NEPHTYS
Ägypten

Die Göttin des Todes und des Sonnenuntergangs lebt in in einem Grab. Sie gebar Anubis, den Hund, der die Tore zur Unterwelt bewacht. Oft wird sie mit einem Hundekopf dargestellt, Hunde sind ihre heiligen Tiere. Ihr Name ist Sieg und Ende zugleich. Wer den triumphalen Abgang von der irdischen Ebene sucht, rufe Nephtys.

31 DURGA
Indien

Durga ist die älteste, erste Göttin, Urkraft allen Lebens. Sie ist gütige und grausame, nährende und verzehrende Mutter. Aus ihr sprang Kali (siehe 3. November) und nahm den Kampf gegen Dämonen und Götter auf. Gegen Durgas viele Gestalten vermögen die Götter nichts, sie sind aus Durga gekommen und werden in ihr verschwinden. Auf einer Löwin reitend, mit vier oder zehn Armen, trägt sie Lotusblüte, Sichelmesser, Blutschale und Bambusblatt.

SEPTEMBER

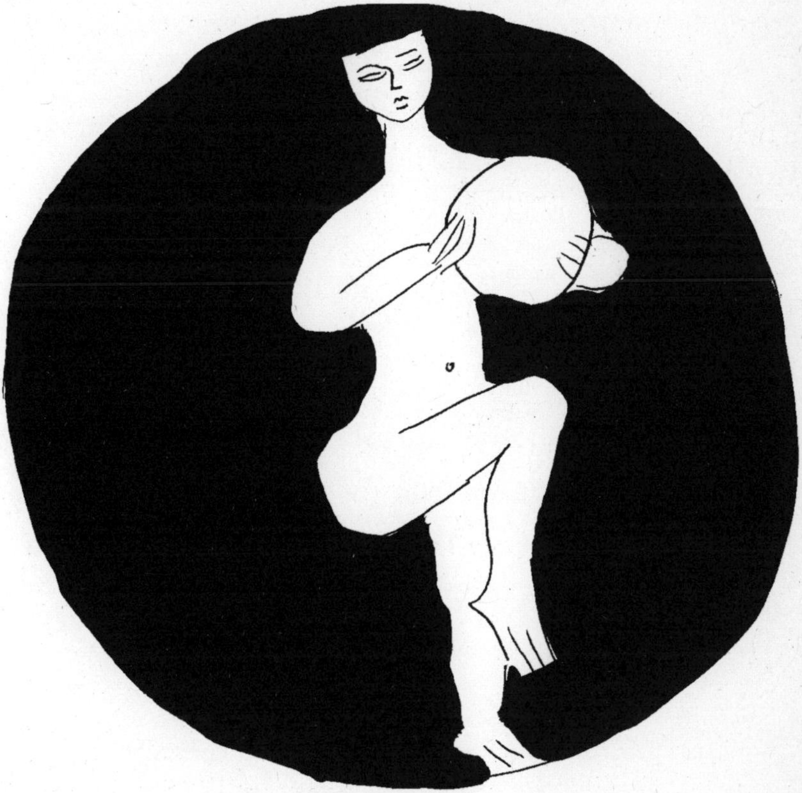

1 MEDA
Deutschland

Die germanische Göttin der Landwirtschaft und des Feldes wird mit einer Kornähre dargestellt. Stets raucht sie eine Pfeife. Sie bringt Fruchtbarkeit ins Land und heilt die Erde. Rauchopfer stimmen sie günstig. Ihre Rituale wurden stampfend getanzt. Frauen tragen zu ihren Anrufungen Getreidekränze auf dem Kopf. Meda ist auch die heilige Großmutter.

2 SILKIE
Schottland

Diese mythische Frau aus dem Elfenvolk wurde nach ihrer feinen seidenen Kleidung benannt. Sie ist ein Hausgeist. Sie hilft den Frauen bei der Arbeit, besonders gern spinnt und webt sie. Wenn ihr Früchte und Milch geschenkt werden, nimmt sie den Frauen die Arbeit ab. Sie ist auch eine Traumweberin und erscheint den Frauen in ihren nächtlichen Träumen, um Botschaften zu bringen.

3 SUL
Bretagne

Der Hügel von Castennec in der Nähe von Quinipily in der Bretagne ist ein besonderer Ort: Hier wurde jahrhundertelang die Vegetationsgöttin Sul verehrt. Sie ist eine Göttin der Liebe, der Quellen, des fließenden Wassers und des Wachstums. Ihre Statue wurde von christlichen Eiferern in den Fluß geworfen, wiedergefunden und wieder aufgestellt. Der Park auf dem Hügel, in dem die Göttin Sul noch heute steht, ist ein wahrer Zaubergarten. Für Sul werden lustvolle Feste mit Gesang und Tanz gefeiert.

Sul fördert die Lebensfreude und das spirituelle Wachstum in Frauen.

4 Perkuna Tete
Lettland

Perkuna Tete ist die Blitzgöttin der Letten. Alles, was sie berührt, macht sie hell und klar. Sie fährt durch dich hindurch und schenkt dir schmerzhafte Erkenntnis. Sie erhellt für einen Augenblick die Dunkelheit deiner Nacht und weist dir den Weg. Wenn du sehen kannst, weißt du Bescheid. Bei Unwettern wurden Perkuna Tete Kerzen aufgestellt. Sie ist der Augenblick der Wahrheit.

5 Aida-Wedo
Haiti

Die Schlangengöttin Aida-Wedo des Voodoo ist eine *loa*, das heißt ein Geist, eine Göttin, die in Menschen einfährt und mit ihnen tanzt. Sie hütet den Schatz am Ende des Regenbogens. Wer sehen kann, findet den Schatz. Wenn du arm an irdischen Gütern bist, rufst du Aida-Wedo mit ihrem juwelenbesetzten Krönchen (das an die alpenländischen Hausnattern erinnert) und bittest sie, dir den Schatz zu zeigen und dich reich zu machen. Du schenkst ihr deinen Tanz, deinen Körper, in dem sie mit dir tanzt, deine Ekstase.

6 Horen
Griechenland

Die Horen sind Jahreszeitengöttinnen, Töchter der Themis, Göttin des Rechts. Thallo ist die Gründende und Frühlingsgöttin, Carpo die Fruchtbringende und Herbstgöttin. Sie symbolisieren den Zyklus der Natur, die Ordnung des universellen Rhythmus. Auf den Märkten Griechenlands hatten die Horen kleine Altäre, die Menschen opferten dem Vergehen der Zeit und hofften, daß die Horen ihnen gut gesinnt waren. Thallo und Carpo werden auch zu den entsprechenden Jahreszeiten gerufen, um die Pflanzen zu stärken.

7 TABUNISORTON
Mongolei

Die kalmückische Fruchtbarkeitsgöttin Tabunisorton wird im Lotussitz dargestellt, auf ihren geflochtenen, aufgetürmten Haaren liegen Blüten und Obst. Ihre Haare binden Glück und Reichtum ein. Meist hält sie ein Gefäß mit Früchten in den Händen. Sie wird angerufen, um den Menschen Nahrung zu geben, das Wachstum der Pflanzen zu fördern, reiche Ernte zu ermöglichen. Geflochtene Gras- und Getreidekränze werden ihr geschenkt, um Glück und Reichtum an sich zu binden und den Segen der Göttin zu erbitten.

8 PRENDE
Albanien

Die Göttin der Schönheit und des strahlenden Glanzes der Frauen wird von Frauen angerufen und beopfert, die sich in ihrer vollen Schönheit entfalten wollen. Der Freitag ist ihr heiliger Tag, an diesem Tag wurden oft Liebesrituale für Prende gefeiert. Albanische Frauen widmen Prende noch heute den ersten Bissen ihres Essens, damit sie sie schön und gesund macht. Auch Kämme werden Prende geschenkt.

9 OMECIHUATL
Mexiko

Die Göttin kauerte sich auf die Erde und gebar ein Flintmesser. Das warf sie von sich und erschuf so die Menschen. Die Göttin mit dem Sternenrock lebt im Universum und wacht über das Tun der Menschen.

Sie wartet darauf, daß die Menschen sich ihrer universellen Herkunft erinnern, sich wieder mit ihr verbinden und so heil und ganz werden.

10 Dzelarhons

Haida, USA, Kanada

An der Nordwestküste des pazifischen Ozeans lebte Dzelarhons als Menschenfrau. Als sie von ihrem Menschenmann gedemütigt wurde, verwandelte sie sich in eine Steinfrau, zwischen ihren Beinen floß Wasser hervor, aus ihrem Mund strömte Feuer. Die Hüterin der Erde und ihrer Schätze straft, wenn die Erde ausgebeutet, Pflanzen und Tiere verletzt werden. Als die Menschen es zu toll trieben, spuckte sie Feuer und Lava. So wurde sie für die Haida zur strafenden Vulkangöttin, die heute noch verehrt wird.

11 Akewa

Argentinien

Akewa ist die Göttin der Toba, die die Zeit transzendiert, älter wird und jünger, innerhalb und außerhalb der Zeit existiert. Sie hebt die Grenzen des Möglichen auf und wandelt alles. Akewa ist auch die Sonnengöttin, wenn sie den Himmel verläßt, um zu ruhen, wird es Nacht. Sie verkörpert die weise Alte in der jungen Frau und das junge Mädchen in der alten. Mit ihr reisen Frauen in die unbegrenzten Möglichkeiten universeller Räume.

12 Ua Zit

Ägypten

Die Himmelsschlange Ua Zit wird als Auge dargestellt. Sie sieht alles, wacht über allem; sie ist die universelle Kobra. Sie schenkt Souveränität, Heiterkeit, Geschmeidigkeit und Beweglichkeit. Sie weckt Frauen auf, erscheint als drittes Auge auf der Stirn, gebietet über Zaubersprüche und magische Gesänge. Ua Zit war vor allem da und wird da sein, wenn alles vergangen ist. Frauen, die ein Auge als Talisman tragen, rufen ihre stärkende, lebendige Kraft.

13 DRATSCHITSE
Osteuropa

Diese Rächerinnen des Bösen sind gräßlich anzusehen. Obwohl schön und fein, können sie sich in wilde, üble Gestalten verwandeln und die grauenhaftesten Schreie von sich geben. Sie peitschen Verbrecher mit verknoteten Peitschen, drangsalieren und würgen Gewalttäter nachts in ihren Betten. Sie verfolgen Männer, die Frauen schlagen und vergewaltigen, und setzen ihnen so zu, daß ihnen oft über Nacht die Haare weiß werden und sie nie wieder ein lautes Wort sprechen.

Wieso ruft eigentlich keine heutzutage die Dratschitse?

14 SICASICA
Bolivien

Die sagenhafte Berggöttin Sicasica der Aymara lebt im Reich des Eises und der Gletscher. Sie läßt alles erstarren. Sie fängt junge Männer ein, indem sie sich in eine wunderschöne junge Frau verwandelt, dann lockt sie sie in ihr Reich und nährt sich an ihrer Energie. Sie ist den Menschen nicht nah, und Menschen kommen zu ihr nur, um sie zu bitten, ihre Schätze auszuteilen, denn unter dem Eis hat sie ihren Schatz versteckt. Von ihr kann eine Frau Abgrenzung und kühle Aufmerksamkeit lernen.

15 GIANE
Italien

Im wilden sardischen Bergland gibt es eine Geisterfrau, die in Bäumen lebt, spinnt, den Menschen den Verstand verwirrt. Sie hat stählerne Fingernägel und lange herabhängende Brüste. Wenn sie an ihrem magischen Webstuhl sitzt, wirft sie die Brüste hinter sich über die Schultern. Wer sie singen hört und schlagfertig und gewitzt genug ist, mit ihr zu singen oder ihr Lied zu vollenden, der schenkt sie ein Stück ihres magischen Gewebes, das die Frauen das Spinnen lehrt und sie zum Träumen bringt.

16 Sif
Skandinavien

Die Getreidegöttin Sif hat langes goldenes Haar. Sie lebt im Gelb der Getreidefelder. Im Winter zieht sie sich unter die Erde zurück. Sie vermählt sich mit dem Blitz der Sommergewitter. Von ihrem Haar stammen sicher die Märchen, bei denen es darum geht, Stroh zu Gold zu spinnen, denn Loki schnitt ihr einmal die Haare ab und bat die Zwerge, sie so zu spinnen, daß Gold daraus wurde. Frauen wenden sich an Sif, um Fülle, Reichtum und Gold zu erlangen.

17 Anna Perenna
Italien

Die sehr alte etruskische Vegetations- und Fruchtbarkeitsgöttin symbolisiert das fließende Wasser und alle Wasser im Körper. Sie wird in Flüssen verehrt, Blüten und Früchte werden ihr geschenkt, um die Erneuerungskraft des Landes zu erbitten. Ein Frühlingsritual und eins im Herbst wurden für Anna Perenna gefeiert. Im Frühling war es ein orgiastisches Liebesfest, im Herbst wurde sie verabschiedet. Früchte und Nüsse wurden symbolisch in der Erde eingegraben, um ihre Wiederkehr zu bewirken.

18 Hildegard von Bingen
Deutschland

Mit sechs Jahren wurde Hildegard der Kirche anvertraut und in einer Klause im Wald eingemauert. Hildegard verbrachte viel Zeit am Fenster der Klause, wo sie von Waldfrauen in die Geheimnisse der Kräuter und des Waldes eingeweiht wurde. Später hatte sie Visionen, die ein Vertrauter für sie aufschrieb. Sie setzte durch, daß sie ein eigenes Frauenkloster bekam, wo sie heilte und Frauen lehrte. Sie stellte sich sogar gegen die Kirche und predigte und lehrte, wie sie es für richtig hielt. Noch heute sind ihre Bücher, Visionen und Rezepte aktuell. Sie lehrt Frauen zu heilen.

19 GOGA

Melanesien, Papua-Neuguinea

Die Urgöttin Goga ist alterslos und zugleich alte Frau. In ihrem Körper hütet sie das Feuer und brachte es den Menschen. Sie ist für alle Rituale zuständig, die das Leben der Menschen erhalten. Oft wird sie als runder Stein verehrt und bekommt einen Schrein aus Zweigen und Blättern, auf den Nahrungsopfer gelegt werden.

20 SAULE

Lettland

Saule wird als Bäuerin auf dem Sonnenberg oder als Sonnenmädchen dargestellt. Erdig und bodenständig steht sie für die Kraft der Sonne, eine reiche Ernte, die Wärme des Herzens. Sie ist eine alte Vegetationsgöttin, wurde im Frühling als junge Frau, im Sommer, zur Sonnwende, als Mutter gefeiert. Im Herbst opferte man ihr ein Korngebinde. Das Blut der Frauen ist Saule heilig.

21 BAU

Ägypten

Die hundeköpfige Bau ist die Tochter des Hundssterns Sirius, eine kosmische Kraft, die auf die Erde kommt, um an der Schwelle zwischen Leben und Tod zu wachen. Hunde können schemenhafte Gestalten und Geister fühlen, deshalb sind sie in Ägypten die BewacherInnen des Totenreichs, Bau ist ihre Königin und stets von Hunden umgeben. Die Kräfte der Bau bringen wache Aufmerksamkeit und Hellsichtigkeit. Das Sterbende, das Tote wird erkannt und ins Totenreich geschickt. Tödliche Energien werden gewittert und vermieden. Gerüche und Düfte werden Bau geopfert.

22 SENG-WAN-MAU
China

Seng-wan-Mau ist die nicht geschlechtsdefinierte Gottheit, die allumfassende Energie des Nichts. Unbegreiflichkeit, Allwissenheit, Gerechtigkeit zugleich strömt sie aus. Sie besteht aus Nichts, bewirkt Nichts, denkt Nichts, ist Nichts, tut Nichts. Sie regt an, das Nichts in sich aufzunehmen und alles loszulassen. Sie repräsentiert den Zustand vollkommener Wunschlosigkeit und Gelöstheit.

23 MAHAMAYURI
Tibet

Die tibetische Pfauengöttin verkörpert eine Schutzformel gegen alle Gifte. Ihr Name ist das Heilmantra gegen Vergiftungen. Es gibt eine gelbe und eine grüne Göttin. Sie bringt Frieden ins Herz und beruhigt die Körpersäfte. Eine Meditation mit ihr bringt die Körperchemie wieder in Einklang. Pfauenfedern sind ihre Symbole.

24 RUGIA BOBA
Litauen

Die litauische Roggenmutter ist eine von sechzig Muttergöttinnen, die in Litauen über das Wohl der Menschen wachen. Rugia Boba wohnt im Getreidefeld. Sie sorgt für gesundes Korn und reiche Ernte. Eine Garbe wird ihr im Herbst geschenkt, manchmal bindet man auch eine Strohpuppe, die die Roggenmutter oder -muhme symbolisiert. Die Puppe wird mit Wasser begossen, um den Regen zu beschwören. Kinder, die im Kornfeld spielen, zerdrückt die Roggenmutter zwischen ihren eisernen Brüsten. Oft wird eine Muttergöttin als Kinderschreck oder Verschlingerin beschrieben, was darauf deutet, daß Kindersegen durchaus nicht im Zentrum der frühen Kulturen stand, wie das heute oft romantisiert wird. Alles aus der Frühzeit dient ja angeblich der Fruchtbarkeit. Die Beschreibungen der Muttergöttinnen zeigen, daß es auf die Balance ankommt, daß Harmonie mit der Natur das Wichtigste ist.

25 Oya

Nigeria

Oya ist für die Yoruba die allumfassende Elementargöttin: Vulkan, Fluß, Sturm, Berg und Höhle, Beschützerin der Tiere, unberührbar und unzerstörbar. In einem Kult, in dem die männliche Kraft im Lauf der Zeit fast alle Göttinnen und weiblichen Kräfte abgelöst hat, blieb Oya unangetastet. Auf Steinen wird ihr geopfert, an Baumwurzeln liegen Geschenke für Oya, Spiralen und Punkte werden zu ihrer Ehre überall gemalt. Ihr Name heißt „Sie, die trennt" oder „Sie, die zerreißt". Sie ist die unzähmbare wilde Kraft, die alles auflöst. Der Fluß Niger heißt auch „Fluß der Oya". Gemütliche Mutter ist Oya nicht, aber eine Macht, mit der Frauen sich verbünden können, die Klarheit und Entscheidung bringt.

26 Loo Wit

USA

Die Vulkangöttin des Mt. St. Helens ist eine alte Frau, der ewige Schönheit und Jugend geschenkt wurde. Sie brachte den Menschen das Feuer und war so schön, daß es immer wieder Kämpfe darum gab, wer sich mit ihr vermählen durfte. Wenn sie ungehalten wird, spuckt sie Feuer und befriedet so die Menschen, die nun wieder zusammenhalten müssen, weil es um ihr Leben geht.

Frauen, die innere Erneuerung und Schönheit suchen, gehen zu Loo Wit und opfern ihr einen Spiegel.

27 NUTH
Ägypten

Die Himmelsgöttin Nuth hat ihren Körper als Bogen über die Erde gewölbt, sie trägt ein Sternenkleid, ihre Brüste sind entblößt, aus ihnen läßt sie es regnen. Ihre Zehen und Finger berühren die Erde und befruchten sie, sie bringen den Menschen Lebenslust und Freude. Sie beschützt alle Lebewesen, sie läßt es Tag und Nacht werden. Gelegentlich kommt sie als Kuh mit Mondhörnern auf die Erde und bringt den Menschen Nahrung und Stärkung. Sie ist die Göttin der irdischen Genüsse und der Sicherheit. Und sie ist die Verbindung zwischen Himmel und Erde.

28 POMONA
Italien

Pomona, die römische Göttin der fruchttragenden Bäume und Sträucher, die Göttin der Gärten schlechthin, gilt als Patin all der schönen Gärten und Parks in Italien. Sie ist zuständig für das Pflanzen, die Blüte, die Ernte der Früchte. Sie ist die universelle Gärtnerin, die Wissen über Wachstum vermitteln kann. Sie hütet ihre Pflanzen und lehrt Frauen, mit ihnen richtig umzugehen. Sie ist außerdem die Göttin der Baumgeister und Blumenelfen. Die Gartenkunst, Fruchtfolgen und Lebensgemeinschaften in Gärten kann eine Frau von Pomona lernen.

29 TRIZNA
Polen

Die Totengöttin Trizna begleitet Verstorbene in die andere Welt. Zu diesem Zweck wurden die Toten verbrannt, ihre Knochen und ihre Asche gesammelt und in Urnen aufgestellt (ganz früher an Landstraßen). Kleine geröstete Kuchen wurden für Trizna zu den Urnen gestellt, an denen sie sich laben sollte. Das Begräbnisritual hieß nach der Göttin ebenfalls Trizna. Sie ist die Knochenmutter, die alle verstorbenen Menschen in ihrem Knochengarten hütet. Sie bringt uns das Loslassen bei.

30 INANNA
Kleinasien

Die Geschichte der sumerischen Göttin Inanna ist die Beschreibung einer Initiation in universelle Magie. Ihrem Vater, der die hundert Tafeln des Schicksals versteckt, damit niemand wissen soll, was kommen wird, jagt sie durch List die Tafeln und andere Schätze ab. Er versucht siebenmal, seine Schätze zurückzugewinnen, scheitert aber an Inannas Magie. Sie steigt in die Unterwelt, wo Ereschkigal, ihre dunkle Schwester (siehe 30. November), ihre steinernen Augen auf sie richtet und sie in den Schatten führt. Drei Tage und drei Nächte weilt sie in der Unterwelt, hängt zwischen Himmel und Erde in der grauen Sphäre des Nichts. Dann kehrt sie zurück in ihr Königreich, um festzustellen, daß Dummuzi, ihr Liebhaber, ihren Thron eingenommen hat. Da Ereschkigal Ersatz für Inanna fordert, liefert Inanna Dummuzi an sie aus. Seine Schwester rettet ihn, und so muß er nur das halbe Jahr in der Unterwelt bleiben. Inannas Geschichte ist die Geschichte vieler Frauen: Sie verzichten auf ihre Kraft, um einen Mann zu retten. Sie schützen den Mann vor der eigenen berechtigten Wut. Aber Inanna ist auch Symbol dafür, daß die Macht einer Frau niemals wirklich zu brechen ist.

Oktober

1

PENTHELIA
Ägypten

Als Priesterin war sie Musikerin und Dichterin, schlug die Trommel im Tempel des Gottes Ptah. Sie verfeinerte die Dichtkunst (Homer war von ihren Gedichten beeinflußt). Penthelia war ein Universalgenie, sie spielte alle Instrumente, die es zu ihrer Zeit gab, und übte durch ihre Musik große Macht aus. Sie ist eine der ersten Schamaninnen, die über Klänge und Schwingungen die Reise in andere Welten antreten. Sie baute Rasselkörper und füllte sie mit Muscheln und Steinchen. Penthelia ist die Mutter der Rasseltrance.

2

OMORKA
Kleinasien

Nach den Mythen der BabylonierInnen und ihrer Nachbarn ist Omorka, die chaldäische Göttin des Weltalls, immer schon dagewesen, ehe irgend etwas war. Omorka, die Mutter der Dunkelheit, der Unendlichkeit, des Seins, des nicht geformten Chaos, hat alles aus sich erschaffen und wird alles wieder auflösen. Bei ihr ist Anfang und Ende, sie war, ist und wird sein.

3

APE-HUCI-KAMUY
Japan

Die Feuergöttin der Ainu ist die Beschützerin der Familie, sie sorgt für Recht, für den harmonischen Ablauf des Lebens, für Nahrung und Glück. Jeden Morgen wartet sie auf ihre Schwester, die Sonnengöttin Tokapcup-kamuy, die mit ihrem bestickten Kleid, auf dem ein Sonnenrad zu sehen ist, zum Fenster hereinschaut und der Feuergöttin Kraft verleiht. Ape-Huci-Kamuy stammt der Sage nach von einer Ulme, aus der sie hervortrat; Ulmen sind ihre heiligen Bäume. Der Feuergöttin wird ein kleines Speiseopfer zwischen die Holzscheite gelegt. Manchmal liegen auch Steine oder eine kleine Figur, die die Göttin symbolisiert, an der Feuerstelle. Ape-Huci-Kamuy und Tokapcup-kamuy symbolisieren die Stärke der Schwestern, die zusammenhalten.

4 MAAT
Ägypten

Die Göttin der Wahrheit und des Rechts verwandelt sich in der Unterwelt in eine Straußenfeder, wenn das Herz einer verstorbenen Person gewogen wird. Wenn das Herz leicht und ohne Lasten ist, ist es frei und geht ins Universum ein. Maat vertritt das ursprüngliche, das universelle Recht, das kein Gericht der Welt beugen oder brechen kann. Maat wird nicht in Tempeln verehrt, sondern in jeder Rechtsprechung angerufen. Eine Frau, die zu ihrem Recht kommen will, sollte sich mit Maat verbünden. Eine Straußenfeder ruft sie.

5 QUADAV
Taiwan

Die Schöpfergöttin der Paiwan ist zugleich auch die Göttin der Hirse und der Nahrung überhaupt. Sie schenkt Leben, Licht und Wohlstand. Sie öffnet die Herzen der Menschen. Bei der Hirsepflanzung und -ernte wird sie gerufen und in Prozessionen gefeiert. Die gelbe Farbe ist ihr heilig.

6 CHIMAIRA
Griechenland

Ihr Name heißt „Ziege“, die Chimäre ist ein mythisches Urwesen, das nicht an einen menschlichen Körper gebunden ist, eine Kombination aus Löwin, Ziege und Schlange. Sie steht für Furchtlosigkeit, Geselligkeit, Nahrung, Beharrlichkeit, Wandelbarkeit. Sie ist die, die sich stets wandelt und damit alle Hindernisse beseitigt. Sie lehrt Frauen, nicht auf ihrer einmal gefundenen Form oder Meinung zu beharren, sondern listig, beweglich, trickreich zu sein. Sie erschreckt die Menschen. Natürlich lebt sie am Eingang zur Unterwelt, denn auf der Schwelle warten die interessantesten Ereignisse.

Sie ist das ursprüngliche Erdfeuer und macht uns mit dem Unheimlichen vertraut, weil das Vertraute unheimlich geworden ist.

7 Sophia
Kleinasien

Die Göttin Sophia ist die Mutter der Vernunft, ihr hebräischer Name ist Chokma, der Anfang der Schöpfung, die personifizierte Weisheit. Sie gibt Denkfähigkeit, Einsicht und Erkenntnis. Ihre Töchter in der russischen Religionsphilosophie sind Vera (Glaube), Ljubów (Liebe) und Nadjéshda (Hoffnung). In Istanbul steht die Hagia Sophia, ursprünglich ein byzantinisches Gotteshaus, jetzt eine Moschee, deren Name noch immer an die Göttin der Weisheit erinnert.

8 Chang-O
China

Die Mondgöttin Chang-O lebte mit ihrem Mann auf der Erde. Die Götter schenkten ihm einen Unsterblichkeitstrank, aber Chang-O war schneller und trank die Flasche aus, ehe er sie erreichte. Dann floh sie zum Hasen im Mond, der sie gern aufnahm. Dort lebt sie, unsterblich, gelegentlich als Kröte. Kröten und Hasen sind ihre heiligen Tiere. Sie zeigt sich den Menschen in Gestalt des Mondes, der über den Himmel zieht. Von Chang-O können Frauen lernen, daß es manchmal wichtiger ist, schnell und schlau zu sein, als stark.

9 NERTHUS
Dänemark

Die germanische Urgöttin Nerthus verkörpert die Erde und wurde vor allem auf einer Ostsee-Insel, möglicherweise Mön, verehrt. In ihrem heiligen Hain stand ihre Statue auf einem Wagen. Einmal im Jahr wurde dieser Wagen von Ochsen über die Insel gezogen, von einer Siedlung zur nächsten. Dann mußten alle Metallgegenstände und Waffen weggeschlossen werden, denn die Göttin liebt kein Metall. Sie ist auch die Göttin des Friedens, zu ihrem Fest mußten alle Kampfhandlungen eingestellt werden. Nach dem Umzug wurde die Göttin in einem See gewaschen. Nerthus wird gerufen, um den Menschen wieder Respekt vor der Erde beizubringen.

10 ANANKE
Griechenland

Die Schicksalsgöttin Ananké ist mächtiger als alle anderen Götter. Sie war immer schon da, sie wird immer da sein. Körperlos durchmißt sie den universellen Raum. Mit ihrer Spindel spinnt sie den Faden, der das Gewebe der Welt erzeugt. Sie wird als Weltenlenkerin mit Spindel dargestellt. Frauen, die auf der Suche nach dem roten Faden ihres Lebens sind, rufen Ananké.

11 RADOMISCHL
Osteuropa

Ihr Name heißt „Ich denke“. Radomischl ist die Göttin der lieblichen Gedanken, der Phantasiebilder, die Wirklichkeit schaffen. So ist sie auch die Göttin der Imagination und der Visualisierung. Sie beflügelt die Gedanken und verleiht ihnen Verwirklichung. Sie ist die Hüterin der Philosophie und der Denkprozesse. Vielleicht könnten wir sagen, sie ist die Göttin der Botenstoffe?

12 MODGUDR

Nordeuropa

Ihr Name heißt „zorniger Kampf". Unbestechlich, wach, klar, zornvoll bewacht sie die Brücke zu Hel (siehe 13. November) in die Unterwelt. Sie sortiert die BesucherInnen, entscheidet, wer passieren darf, wer nicht. Zugleich steht sie an der Brücke zur persönlichen Unterwelt einer jeden Frau.

Sie erinnert dich daran, daß du nicht gut und lieb und sozial bist, sondern tief im Inneren ein hungriges Raubtier. Sie erinnert dich an deinen Mangel, deine Gemeinheiten, an den Schmerz, den du austeilst und erleidest. Sie ist die ideale Begleiterin in dunkle Tiefe.

13 HAINUWELE

Ceram, Indonesien

Hainuwele ist eine der drei Schöpfungsschwestern. Sie wurde nach neun Tagen aus einer Kokosnuß geboren, aber die Menschen hatten Angst vor ihr und töteten sie. Aus ihrem toten Körper wuchsen die ersten Nutz- und Nahrungspflanzen. Die Zahl Neun ist Hainuwele heilig. Sie brachte den Menschen den Ritualtanz und den Gesang. Die Menschen bedauerten, daß sie Hainuwele getötet hatten, und tanzen und singen ihr zu Ehren jedes Jahr bei einem großen Fest. Sie verzieh den Menschen und läßt die Pflanzen wachsen.

Mitgefühl und Vergebung sind ihre Geschenke.

14 Marzana
Polen, Rußland

Die polnische Göttin des Winters und des Todes, aber auch der Wurzeln heißt in Rußland Marena. Sie führt in die Unterwelt, in die Erinnerung und in die Tiefe der Wurzeln. Sie verkörpert das Alleinsein im Sinn von All-Eins-Sein und die Nahrung, die aus der Tiefe des Wissens und der Erinnerung kommt. Im Frühjahr wird eine Figur der „Alten Frau Winter" durchs Dorf getragen und unter dem Jubel der DorfbewohnerInnen außerhalb des Dorfes in einem Schrein bis zum nächsten Jahr aufbewahrt.

15 Selket
Ägypten

Die Wächterin der Toten, „die die Kehlen atmen läßt", wurde in den Pyramiden als goldene Statue allen Toten mitgegeben – die Ägypter wußten, wie gefährlich die Totengeister den Lebenden werden können. Sie wachte nicht nur über die Toten, sie half mit Zaubersprüchen auch den Lebenden, die den schwierigen Weg zu ihr in die Unterwelt fanden. Sie ist die Göttin des Zaubers und der Wandlung. Auf ihrem Kopf thront ihr Symboltier, der Skorpion. Manchmal wird sie als Skorpion mit dem Kopf einer Frau dargestellt.

Das Gift des Skorpions bringt den Tod, ihre Zauberkraft die Wiedergeburt.

16 Uparatat
Iran

Uparatat ist die altiranische Kriegsgöttin, ihr zweiter Name heißt *vanainti*, „siegreich, erobernd". Sie führt Kämpfe und Schlachten an. Sie wird geflügelt dargestellt, in der Hand hält sie einen Kranz als Symbol für den Sieg. Frauen, die einen Kampf zu gewinnen haben, halten sich an Uparatat.

17 SCHIWANOKIA

Zuni, USA

Schiwanokia spuckte in die Hände und gebar daraus die Erdgöttin Awitelin Tsita. Sie symbolisiert die umfassende schöpferische Kraft der Frau. Von ihr können wir die Macht und den Gebrauch der Spucke lernen.

18 NOKOMIS

Algonquin, USA

Das Wort Nokomis bedeutet Großmutter. In fast allen Kulturen rund um den Erdball war am Anfang die große Mutter, der weibliche, schöpferische Geist, der alles schuf, was ist. Nokomis regiert die Welt und alles, was darauf wächst und lebt. Sie erschafft Elemente, Jahreszeiten, Menschen, Nahrung. Sie nährt ihre Menschen nicht nur, sondern sie gibt sich auch selbst. Für die Algonquin ist jede Nahrung, alles, was sie berühren, was sie essen, was sie für ihre geistige Entwicklung brauchen, Nokomis. Sie ist die Allgegenwart der weiblichen Energie.

19 ARTIO

Mitteleuropa

Ihr Name heißt „Bärin“, sie ist die keltische Bärengöttin. Dargestellt entweder mit einem Bärinnenkörper und Frauenkopf oder als Frau, die einem Aspekt ihrer selbst, nämlich der Bärin begegnet und ihr Früchte anbietet. Artio verkörpert Kraft, Sanftheit, Mütterlichkeit, Ungezähmtheit. Die Bärin wird in vielen Kulturen, auch in der keltischen, der Gebärmutter, auch Bärmutter gleichgesetzt. Artio ist die liebevolle, aber auch die wilde Mutter. Sie fordert ihre Kinder heraus, lebenstüchtig zu werden. Sie konfrontiert sie mit allen Gefahren der Welt und hilft ihnen, diese zu bewältigen.

Von Artio gibt es eine Sage, in der eine Frau Wäsche waschen geht; da sie menstruiert, riecht Artio, die Bärengöttin, sie und kommt zu ihr. Die beiden lieben sich und bleiben zusammen. Von diesem Tag an lebt die Menschenfrau im Sommer mit der Bärengöttin, im Winter kehrt sie zu den Menschen zurück.

Auf der Schwäbischen Alb gibt es eine Bärenhöhle, in der Hunderte von Bärenschädeln, kultisch aufgebaut, gefunden wurden. Wahrscheinlich wurde in dieser Höhle Artio verehrt.

20 OSCHUN
Nigeria

Oschun, die Yoruba-Göttin des fruchtbaren Wassers, „färbt ihre Wangen mit dem Blut ihrer Feinde“. Sie ist bezaubernd schön, aber auch grausam. Sie läßt alles wachsen, sie vernichtet aber auch. Sie bringt Heilung, aber was zum Sterben bestimmt ist, tötet sie. Sie ist die Schutzgöttin der Frauen, besonders der Gebärenden. Das Wasser, das alles Leben hervorbringt und erhält, ist ihr heilig. Das Wasser ihres heiligen Flusses in Oschogbo heilt Krankheiten. Die Steine darin sind ihre Schwestern. Und am Fluß liegt ihr heiliger Hain, in dem eine junge Frau, die noch nicht mit einem Mann zusammen war, ein Jahr lang den Tempel der Göttin hütet. Oschun symbolisiert Heilung und Orakel.

21 LIBUSSA UND KASCHA
Tschechien

Libussa, die Gründerin der Stadt Prag, wurde berühmt, weil sie einerseits eine gerechte Regentin und andererseits eine mächtige

Zauberin war. An die Stelle der damals üblichen Menschenopfer setzte sie Opfer aus Haaren und abgeschnittenen Nägeln, goß Bilder von Göttinnen und ließ sie überall aufstellen. Sie liebte das Land und ritt oft tagelang durch die Wälder, wo sie mit Bäumen und Vögeln sprach. Sie hatte auch ein zauberkundiges Pferd, das sie vor Feinden warnte. Zusammen mit ihrer jüngsten Schwester Kascha bereitete sie Kräutermedizin, und es gab im Lande keine, die mehr über Heilkunde und Zauber wußte als Libussa. Kascha hatte die Gabe, verlorene Dinge wiederzufinden. Wenn etwas sehr gut versteckt oder gründlich verloren ist, sagen die Menschen: Das würde selbst Kascha nicht wiederfinden. Libussa und Kascha sind Symbol dafür, wie Frauen Macht ausüben, ohne ihre magischen Fähigkeiten, ihre Freundschaft und ihre Weichheit zu verlieren.

22 MUSEN
Griechenland

Wie in allen alten Reichen und Stämmen lag die Kultur, die Verfeinerung des menschlichen Lebens, auch in Griechenland, wo sonst eher Frauenverachtung und -ausgrenzung herrschten, in der Hand von Frauen. Die neun Musen bringen die Verbindung von Ritual, Religion, Kultur und Unterhaltung: Clio symbolisiert Bücher und Schrift, Melpomene das Trauerspiel, Thalia das Lustspiel, Calliope die epischen Lieder, Terpsichore den Tanz, Euterpe die Dichtkunst, Erato die Liebesgesänge, Urania die Astronomie und Polyhymnia den ernsten Gesang. Die Musen lehren die Sterblichen die göttlichen Künste. Es ist bekannt, daß Musen auch gern küssen.

23 HYNDLA
Nordeuropa

Hyndla, das „Hündchen", ist eine germanische Riesin, die in einer Höhle wohnt und auf einem Wolf reitet. Sie ist die Wolfsfrau, die allein durch den Wald zieht. Sie erscheint als Frau mit einem Hunde- oder Wolfsgesicht. Sie ist unüberwindlich stark. Wolfsgeheul ruft sie.

24 Djanggawul-Schwestern
Australien

Die beiden Sonnentöchter Bildjiwuraroju und Miralaidja waren aus sich selbst schwanger und gebaren alle lebenden Kreaturen, Erde, Pflanzen, Tiere, Menschen, sogar Rituale. Die langen Lippen ihrer Vulva fielen ab und wurden zu den ersten heiligen Gegenständen, die sie den Menschen brachten. Es heißt, daß ihr Bruder die heiligen Gegenstände stahl und die Frauen ihre Eigenmacht verloren.

Das ist vielleicht eine der wenigen wohltuenden Funktionen von Museen: Heilige Gegenstände sind für Frauen zu sehen und zu aktivieren. Auch die Erinnerung an die heiligen Gegenstände macht diese aufs Neue lebendig und zum Machtinstrument der Frauen.

25 Scathach
Schottland

Die „Schattige", Königin eines schottischen Stamms, war die größte Kriegerin ihrer Zeit. Viele kamen, um ihre Kampftechnik zu studieren. Sie hatte Zauberkräfte und konnte mit Spucke und Sprüchen ihre Waffen so präparieren, daß sie niemals ihr Ziel verfehlten. Scathach lebte in Rivalität mit Aife, einer anderen Königin. Die beiden hatten eine Art sportlichen Wettkampf: Scathach warf einen Zauber nach dem anderen über Aife, Aife wehrte alle ab. Am Ende wurde Aife durch den jungen Krieger Cuchulain besiegt und gebar ihm einen Sohn. Scathach blieb frei und ungezähmt. Sie symbolisiert die Kampfkraft und Entschlossenheit der Frauen.

26 LUMINO UT
Südpazifik

Die Urahnin der Menschheit, Lumino Ut, wurde aus dem Schweiß eines Felsens geboren. Sie erschuf die Erde aus einer Handvoll Lehm, den sie aus dem Urchaos holte. Sie vermählte sich mit dem Wind und schuf so die Menschen.

Lumino Ut ist Symbol für die In-Sich-Ruhende, Sich-Selbst-Genügende.

27 BRANWEN
Wales

Branwen, das heißt „die mit den weißen Brüsten", ist die Liebesgöttin des Nordens, die jeden Mann, den sie wollte, bezaubern konnte. Ihren Liebeszauber wirkte sie mit Vogelfedern, Spucke und Blut. Sie konnte überirdisch singen, und wer es hörte, war gebannt. Ihr heiliges Tier ist eine weiße Krähe.

Frauen, die einen Liebeszauber machen und vorher Branwen rufen, können sicher sein, den begehrten Mann zu gewinnen.

28 LILITH
Palästina

Lilith, die Vogelfrau, die Ursprüngliche, war da, als noch nichts war. Sie ist die erste unter den Menschen. Lilith und Eva spielten im Paradies, noch ehe ein Mann auftauchte. (Eva zu Lilith: Heute war ein Mann hier, der sagte, er sei der erste Mensch. Ich sagte, er soll uns mal zum Essen besuchen.) Lilith verweigerte sich den Männern. Ihr Gesang hallte durch die heiligen Haine: *lilililili-litüüü*. Sie spottete und sang und tanzte. Sie gehört nur sich selbst. Sie fliegt als Vogel, wenn sie will, und tanzt als Frau. Ihr „Schem hammeforasch", eine Art Zauberspruch, befreite sie vor den Nachstellungen des Mannes, der Adam genannt wird. Lilith ist die Nacht, das Geheimnis, der Zauber und der Schatten. Lilith führt in die Tiefe des weiblichen Wissens.

Lilith begleitet jede Frau, die aus Demütigung, Anpassung und Unterwerfung ausbricht.

29 MINERVA
Italien

Der Name Minerva heißt „Jungfrau". So ist Minerva die Göttin der Frauen, die niemandem angehören wollen. Sie ist die wilde Frau, die freie Frau ohne Ehemann oder Liebhaber, aber auch die Politikerin, die Städtebauerin und Kriegerin. Sie ist hellsichtig, ihr verbündetes Tier ist die Eule, von der Eule hat sie den scharfen Blick bei Nacht. Als Kriegerin ist sie besonnen. Sie hütet den Ackerbau, hat Pflug und Rechen erfunden. Auch die Spindel und der Ölbaum sind ihr heilig.

Sie symbolisiert die Weisheit der weiblichen Macht und Regentschaft.

30 CHARYBDIS
Griechenland

Die Tochter der See und der Erde lebte ursprünglich auf dem Land, wurde aber der Sage nach von Zeus ins Meer geworfen – ein kleiner Hinweis auf die Verbannung der mächtigen Frauen. Charybdis bringt Schiffe in Gefahr, läßt sie in Strudeln untergehen, auf Untiefen auflaufen und erfüllt die Seeleute mit Schrecken. Sie hat vermutlich geahnt, was Schiffe im Meer anrichten werden. Sie zieht Ertrinkende auf den Grund hinunter.

Sie hat kein Mitleid mit Menschen, deren Welt sie nicht angehört. Aber sie hat ein offenes Ohr für zornige Frauen, die sich mit den alten Kräften der Erde verbünden wollen.

31 HEKATE
Griechenland

Die weise Alte, die Kreuzwegsgöttin, die Göttin der Magie und des Orakels, Mutter aller Zauberinnen, stammt wohl ursprünglich aus Afrika. Hekau, „Worte der Macht", steckt in ihrem Namen, und sie wird als „die Dunkle, die aus Afrika kommt" beschrieben. Ihre Attribute sind der Stab und das goldene Messer. Ihr Tier ist die Eule. Gerufen wird Hekate stets an Kreuzwegen, und an Kreuzwegen wurden, werden ihr Gaben hingelegt.

Wer etwas wandeln will, wer sich mit der alten Kunst des Rufens, Bannens, Lösens und Gestaltgebens beschäftigt, braucht Hekates Hilfe.

November

1 ARTEMIS
Griechenland

Die jungfräuliche Mond- und Jagdgöttin durchstreift mit ihren Freundinnen die Wälder, tötet jeden Mann, der ihr begegnet, schützt ihre Tiere und steht ihnen bei Geburten bei. Sie ist die Göttin der Amazonen. Sie symbolisiert den Zyklus des Mondes und der Frau, mit ihr lernen Frauen das Absinken und Wiederauftauchen der eigenen Kraft zu spüren und anzunehmen. Sie weckt die Lust auf Liebe zwischen Frauen. Sie ist Baum, Bärin und Mond zugleich. In einer anderen Form ist sie die Königin aller Nymphen, die Göttin des Wassers und der Menstruation. Das Kraut Artemisia heißt auch Machtwurz, denn mit diesem Kraut und der Kraft der Göttin regeln Frauen ihre Menstruation und ungewünschte Schwangerschaften. Ihr Haupttempel steht in Ephesus, wo der vielbrüstigen Artemis/Diana (siehe 6. Mai) eine Statue errichtet wurde. Artemis' Feste werden an Vollmond gefeiert.

2 PERSEPHONE
Griechenland

Persephone (römisch Proserpina) wurde von Pluto aus dem Spiel mit Freundinnen geraubt und in die Unterwelt verschleppt, weil sie Jungfrau bleiben und keinem Mann gehören wollte. Ceres (siehe 21. April), ihre Mutter, erfuhr von der Entführung und wanderte klagend über die Erde, ließ alles verdorren, verfluchte die Erde und die Götter. Deshalb wurde Persephone wieder aus der Unterwelt entlassen, aber nur für die Hälfte des Jahres. Es gibt andere Sagen, die beschreiben, wie Persephone zur Königin der Unterwelt wird, sich ihrem Schatten stellt und eine Expertin für Gewalt und Wunden wird.

Sie ist die Göttin, an die sich vergewaltigte, mißbrauchte, mißhandelte Frauen wenden. Sie weiß um den Schmerz, die Wut, die Trauer und kann sie heilen.

3 Kali
Indien

Die wohl älteste namentlich nachgewiesene Göttin gebietet über Zeit und Raum. Sie ist die universelle Schöpferin aller Wesen. Sie ist die Hebamme in Leben und Tod, die Überwinderin der Zeit. Kala, im Sanskrit „die Zeit", ist die Substanz, die Kali zu vergeben hat. Sie selbst gehört der Zeitlosigkeit an. Sie sprang aus Durgas Braue (siehe 31. August), um Dämonen zu vernichten. Als sie aber anfing, auch die Götter zu vernichten (da sie unbestechlich ist, weiß sie, wie gering der Unterschied zwischen Göttern und Dämonen ist), warf sich Schiwa ihr zu Füßen und besänftigte sie, indem er sich opferte. Kali ist zuständig für unsere Zeit, in der die Erde entweder vollständig vernichtet oder gewandelt wird. Kali wird gerufen, wo Frauen zum Ursprung ihrer Macht gehen wollen.

4 Nemesis
Griechenland

Ursprünglich war sie die Austeilende, die Göttin, die Glück schenkte und jeder das Ihre gab. Sie wurde gerufen, sah das Schicksal an und entschied, was einer zustand. Mit zunehmender patriarchaler Macht wurde sie zur rächenden, strafenden Schicksalsgöttin (vermutlich kamen die Männer bei ihr einfach zu kurz). Glücksrad, Zügel, Maßstock, Schale und Schlange sind ihre Attribute. Noch heute steht sie für Sieg, Reichtum und Gesundheit, die sie jenen schenkt, die ihr Leben in die eigene Hand nehmen.

5 Harpyen
Griechenland

Die Harpyen sind Schwestern, Sturmgöttinnen, wilde Elementarfrauen, die durch die Luft streifen und das Erschrecken wecken –

oder das Entzücken: Aello, Podarge, Ocypete, Celano, Thyella, Acholoe, Nicothoe. Die „schnellen, schönen, gelockten" Göttinnen haben Flügel, manchmal Raubvogelkörper und wunderschöne Gesichter, manchmal Hühnerkrallen und Vogelköpfe. Sie fahren in die Menschengesellschaft ein und strafen Verbrecher. Frauen rufen sie, um Unrecht zu rächen.

6 Baba Yaga
Osteuropa

In Rußland gilt die Baba Yaga als die klassische Hexe, die Kinder frißt, grausam und zerstörerisch ist und vor der sich alle fürchten. Tatsächlich ist sie in erster Linie, ähnlich der Kali (siehe 3. November), eine Urgöttin, die Leben und Tod verkörpert, die den Frauen, die zu ihr kommen, Aufgaben stellt. Sie hat drei Rosse, ein rotes für den Sonnenaufgang, ein weißes für den Tag, ein schwarzes für die Nacht, was sie als dreifache Urgöttin, als Mondgöttin ausweist. Sie lebt in einem Häuschen, das sich auf einem Hühnerfuß dreht, ihr Gartenzaun besteht aus Knochen, und ihr Knochengarten ist so gräßlich anzusehen, daß eine der Mut verlassen kann. Wer dennoch beherzt bei ihr eintritt und das Unmögliche wagt, wird von ihr reich belohnt. Wichtig: Das Schlechte, Schlichte, Schwache, scheinbar Wertlose, das sie schenkt, bringt das große Glück. Wer sich blenden läßt und von ihr wertvolle Geschenke annimmt, wird von ihr verhöhnt und steht am Ende mit leeren Händen da.

7 Gorgonen
Griechenland

Am Fluß jenseits der Zeit leben die drei Gorgonenschwestern. Sie hängen nicht von den Widrigkeiten des irdischen Lebens ab. Sie sind Schicksalsgöttinnen. Die dunklen Frauen, die vermutlich aus Afrika kamen, sind so furchterregend, so schön und so grauenhaft anzusehen, daß jeder Mann bei ihrem Anblick erstarrt. Die bekannteste Gorgone ist Medusa. Ihre Schwestern heißen Stheno und Euryale. Ihr Haupt ist von Schlangen bekränzt, ihre Haut mit Drachenschuppen gepanzert, ihre Arme sind Flügel, mit denen sie sich in die Luft erheben. Gorgonen sind Rächerinnen der Frauen.

8 Isis
Ägypten

Eine der mächtigsten Göttinnen der alten Zeit ist Isis, die Mondgöttin, die Gebieterin über Wasser und Elemente, die matriarchale Königin, die Verschleierte, die sich nur Frauen ohne Schleier zeigt. Sie ist die fruchtbare Erde des Nils, der Zyklus des Mondes, die Richtende. Wachsbilder werden ihr geopfert, um Wohlstand und Glück zu erlangen. Isis und ihre Schwester Nephtys (siehe 30. August) sind die Gebieterinnen der Oberwelt (Isis) und der Unterwelt (Nephtys). Dargestellt wird sie mit Mondsichel, manchmal auch mit Kuhkopf, und Kuhhörnern. Sie ist auch die Göttin der Lust, und viele ihrer Feste sind fruchtbare, üppige Liebesfeste. Unter ihrem letzten Schleier liegt die alles verschlingende Ur-Nacht. „Ich bin, was war, was ist und was sein wird. Meinen Schleier hat kein Sterblicher gehoben."

9 Heket
Ägypten

Die froschköpfige Heket oder Hiquit symbolisiert das Vertrauen in die zyklische Kraft der Natur und ihre Fruchtbarkeit. Sie ist das Korn, das im Boden zerfällt und doch Wurzeln schlägt, sie ist Geburtshelferin der Sonne und hilft ihr jeden Tag in die Höhe. Als Kröte steht sie für den Urschlamm, die Dunkelheit und Einsamkeit, in der sich alles entwickelt. Sie schenkte den ägyptischen Regentinnen das Ankh-Symbol, und mit ihm wird sie auch gerufen.

10 PERI
Iran

Die Peri ist eine Fee, ein Baumgeist, eine Quellnymphe. Sie hat viele Schwestern. Sie kann sich in jeden Baum verwandeln, kann in Steinen und Blüten sitzen. Wird sie von einer Menschenperson sehr geliebt, macht sie diese reich und glücklich. Sie kann aber nur nachts menschliche Gestalt annehmen. Am Tag überdauert sie als Blüte oder Pflanze. Manche Peris führen Wanderer in die Irre oder strafen allzu geizige oder gierige Geschäftemacher, indem sie ihnen Beute vorgaukeln und sie ins Verderben rennen lassen.

Zarte Seelen können mit ihrer Hilfe rechnen.

11 CHIH NU
China

Die chinesische Göttin der Weberei und der mythischen Muster webte die Roben für die Göttlichen. Sie weiß alles, was geschehen wird, und webt es in ihren Stoff ein. Sie wird in China sehr geliebt und verehrt. In Webereien gibt es oft Schreine für Chih Nu.

Frauen, die etwas über das Gewebe ihres Lebens erfahren wollen, können Chih Nu anrufen. Ihr heiliger Vogel ist die Elster.

12 PANDORA
Griechenland

Die „von allen beschenkte“, wunderschöne, reich geschmückte Göttin trägt eine Urne, ein Gefäß, in dem alle vorstellbaren Übel ruhen. Sie verkörpert die betrogenen Frauen, die nun mit List den Männern schenken, was diese nicht zurückweisen können, und damit Krankheiten, Sorgen und Qualen freisetzen. Die Rache für den Betrug kommt als Geschenk getarnt. Die Büchse der Pandora verbreitet auch heute noch ungemütliche Vorstellungen, vor allem in der Männerwelt. Frauen, die sich mit Pandora verbünden, sind gefeit gegen die Übel in ihrem Gefäß. Pandoras Büchse enthält die Magie der Frauen, die Macht zu wandeln, zu zerstören und neu zu formen.

13 Hel

Nordeuropa

Hel, die germanische Göttin des Todes, der Übergänge und der Unterwelt heißt wie ihr Reich. Hel ist die Mächtigste. Sie entscheidet über Leben und Tod. Zu ihr führt die Brücke über den Höllenfluß, die von den beiden Höllenjungfrauen Listwoer und Bingwoer (siehe 27. Februar) bewacht wird. Drachinnen hüten die Unterwelt und ihre Schätze. Hel ist halb schwarz und halb bleich, sie lebt im Verborgenen, wie ihr Name andeutet (*helan:* das Verborgene). Ihre Himmelsrichtung ist der Norden. Hel ist eine Initiationsgöttin, die den Weg auf ungewöhnliche Weise zeigt: Ihre Schwelle heißt Hindernis, ihre Magd heißt Ganglöt: die Faule. Die Hüterin des Hölleneingangs, also des Reichs der Hel, heißt Modgodur: die Feindin der Götter (siehe 12. Oktober).

Nicht Ehrgeiz ist gefragt, sondern Mutterwitz.

14 Thesmia

Griechenland

Thesmia ist die Göttin des Rechts und der ursprünglichen Gerechtigkeit. Nicht mit verbundenen Augen, sondern wach und sehend spricht sie Recht. Das Recht, das sie verkörpert, ist in der Natur, den Jahreszeiten, dem kosmischen Rhythmus verankert. Feste, die ihr zu Ehren gefeiert wurden, hießen Thesmophorien.

Frauen, die zu ihrem Recht kommen wollen, rufen Thesmia.

15 QUAMAITS
Bellacoola, USA, Kanada

Die Himmelsgöttin Quamaits, deren Name „die Furchtlose" bedeutet, ist eine große Kriegerin. Der Osten ist ihr Wohnort und ihre heilige Himmelsrichtung. Wenn sie die Menschen besucht, bringt sie Krankheit, Tod und Hunger, deshalb versuchen die Menschen es ihr in ihrem Salzwasserbecken, wo sie sich gern aufhält, so gemütlich wie möglich zu machen. Sie bringen ihr Nahrung und Blumen, bitten sie, ihre heiligen Rasseln zu weihen, und tanzen und rasseln für sie. Furchtlose Frauen können sie um Hilfe bitten.

16 RUSALKA
Osteuropa

Ursprünglich waren die Rusalka Menschenfrauen, die im Wasser gestorben sind. Als Totengeister oder -göttinnen ziehen sie mit aufgelösten Haaren nackt durchs Land. Im Frühling kommen sie aus den Flüssen und erbitten weißes Leinen von den Frauen. Diese Tücher waschen sie und hängen sie auf. Wer auf ihre Tücher tritt, wird gelähmt, spastisch oder von Krämpfen heimgesucht. Dementsprechend heilen die Rusalka aber auch diese Krankheiten. Nachts tanzen sie ihre Zaubertänze. Wenn Männer zuschauen, sterben sie. Frauen aber können geheilt werden und Zauberkräfte bekommen, wenn sie für die Rusalka oder mit ihnen tanzen. Nach dem Sommer schlafen die Rusalka in Federnestern. Frauen, die die Rusalka locken wollen, bauen ihnen solche Nester.

17 HANNAHANNA
Kleinasien

Die hethitische Urgöttin Hannahanna, deren Name „Großmutter" oder „große Mutter" bedeutet, heißt in der babylonischen Keilschrift Dingir mah, „erhabene Gottheit“ oder Nintu, „die Gebieterin der Geburt“. Sie hilft Gebärenden, schützt die Neugeborenen und verhindert Kindbettfieber. Neugeborene werden in einem Ritual mit der Göttin bekanntgemacht: Ein Kreis aus Kräutern wird gelegt. Die Hebamme nimmt das Neugeborene und legt es zu jedem Kräuterbüschel im Kreis und schließlich in die Mitte, wo sie es symbolisch der Göttin in die Arme legt. Hannahannas heiliges Tier ist die Biene.

18 AUCHIMALGEN
Argentinien

Die Mondgöttin Auchimalgen ist eine der gütigsten und freundlichsten Göttinnen. Sie schenkt den Menschen nächtliche Ruhe und süße Träume und lehrt Hellseherinnen und Wahrsagerinnen. Bei Vollmond wird sie gerufen, dann zeigt sie ihr Gesicht, und Frauen, die in ihre Schule gegangen sind und die Magie der Mond-Wandlung kennen, können aufgrund der Farbe ihres Gesichts Ereignisse voraussagen. Auch in Weihern und Seen zeigt sie ihre Zeichen und Orakel. Sie ist die Göttin des wahren Sagens und des hellen Sehens. Wer sie zu Vollmond ruft und Wasser dazu in die Luft spritzt, kann von ihr Orakelkünste lernen.

19 MAYA
Indien

Ursprünglich hieß ihr Name „das Wunderbild“ und wurde im Patriarchat zum „Trugbild“, denn ihre besondere Kraft ist das Wunder, das Weben des Zaubers, das Materialisieren von Träumen und Imaginationen. In den Upanishaden, dem indischen Mythos, webt sie die Welt als Trugbild, als Illusion, in der sich alle Menschen wie Verirrte bewegen. Wer hinter das Trugbild schaut und Maya an ihrem Spinnrad spinnen, an ihrem Webstuhl weben sieht, erkennt das Wunderbare und Zauberhafte in der Welt. Illusion und Magie sind nahe beisammen. Frauen, die die Gesetze der Visionen und Imaginationen verstehen, wissen, daß sie alles be-wirken können.

20 Azer Ava

Finnland

Azer Ava ist als eine der Naturgöttinnen der finnischen Völker zuständig für den fruchtbaren Regen. Ihr Name heißt „Gebieterin", und sie erscheint in vielen Gestalten. Als Jurt-Azer-Ava schützt sie das Haus, als Ban-Ava den Hof, Norov-Ava ist die Getreidegöttin, Nar-Azer-Ava die Wiesengöttin, Mor-Ava die Seegöttin, Varma-Ava die Windgöttin, Tol-Ava die Feuergöttin, und alle sind eins, die große Göttin Azer-Ava. Sie ist freundlich und erscheint Wandernden oft als Baum, schenkt ihnen Glück und Reichtum und schützt vor Unfall und Verletzungen. Sie liebt es, wenn um Bäume getanzt und gefeiert wird. Wer ihr Münzen oder Essen opfert, hat Glück.

21 Heiti

Nordeuropa

Heiti ist eine Zauberfrau der besonderen Art: Von freundlichem Äußeren, ist sie in Wirklichkeit sehr gefährlich. Sie heckt Unheil für die Menschen aus, verwirrt ihre Sinne, bringt Streit, bewirkt aber stets nur das, was in den Menschen als Schatten bereits vorhanden ist. So gesehen gehört sie zu den nützlichen Feindinnen: Sie zeigt dir, wo du verlogen, geizig, gierig und grausam bist. Sie bringt deine verborgenen Seiten nach außen und zwingt dich, Farbe zu bekennen. Es gibt kein Mittel, sie zu befriedigen, denn da sie durch alle Menschen hindurchsieht, gibt sie nicht auf, ehe sie nicht alle geheimen Bösartigkeiten ans Licht gebracht hat. Einzig wahrhaftig und offen zu sein, versöhnt dich mit Heiti.

22 MADRISA
Schweiz

Madrisa, die Urgöttin der Alpen, der hohen Berge, der Almwirtschaften, ist vor allem in der Schweiz bekannt und wird dort immer noch verehrt. Sie bringt die Blumen auf die Almwiesen, sorgt für das Vieh, schützt die SennerInnen, bewirkt, daß die Kühe viel Milch geben. Sie wohnt in Höhlen und in Felsen, die zu bestimmten Tagen im Jahr, etwa an Sonnwenden oder in der Rauhnachtszeit, ein Tor öffnen und ihre Schätze freigeben. Sonntagskinder und Menschen mit weiten, offenen Herzen sehen sie. Sie liebt es, wenn für sie gejodelt und gesungen wird. Oft erscheint sie Wandernden als rotbäckige, freundliche Frau.

Es kann sein, daß sie dich um einen Gefallen bittet oder nach dem Weg fragt. Bist du freundlich, macht sie dich reich und glücklich. Wenn du aber barsch reagierst, schickt sie dich in die Irre, läßt einen Wettersturz kommen oder macht, daß du stolperst. Wenn du im Gebirge in Not gerätst, rufst du Madrisa.

23 DOLJA
Rußland

Mütterchen Dolja, die Glücksgöttin und Schicksalsgöttin, sitzt hinter dem Herd und spinnt das Glück der Hausleute. Wird sie mit Nahrung und Liedern gut versorgt, ist sie glücklich und läßt alles wohl gelingen. Wer aber dauernd schimpft und flucht und unzufrieden ist, macht sie sauer. Dann verwandelt sie sich in Nedolja, das alte schäbige Zauberweib. Dann zerbricht sie das Geschirr, läßt das Feuer ausgehen oder heutzutage vielleicht die Waschmaschine überlaufen und macht die Hausfrau rasend.

Da hilft nur eins: ein Lied singen, lachen, ihr ein bißchen Hirse oder Getreide hinstellen, ein Gebildbrot für sie backen, zum Beispiel eine kleine Göttin. Dann wendet sie das Glück wieder.

24 MAYAHUEL
Mexiko

Der Name der großen Göttin Mayáhuel bedeutet „die Würgende“. Sie ist Gebieterin über die Erde und den Nachthimmel und vor allem zuständig für Rausch und Halluzinationen. Sie nährt an ihren vielen Brüsten die Sterne, die Fische im universellen Ozean. Sie sitzt nackt auf einem Thron von Schildkröten und Schlangen und bietet ihren VerehrerInnen berauschenden Trank aus einer Schale an. Die Sage erzählt, daß Mayáhuel auf der Erde wanderte und einer Maus begegnete, die wie toll tanzte und torkelte. Sie probierte von dem Pflanzenstengel, an dem die Maus geknabbert hatte, und entdeckte Rauschsubstanzen.

Sie ist die Göttin derer, die im Rausch Erkenntnisse gewinnen wollen.

25 FEEN
weltweit

Feengeschichten gibt es in vielen Kulturen. Vermutlich war das Volk der Feen über den ganzen Erdball verteilt, ehe sie vertrieben wurden. Ihr Lebensraum wurde durch das Fällen der Bäume und das Verschwinden der Wälder vor allem seit Beginn des Christentums (Bau von Kreuzfahrtschiffen und Domen) gefährdet. Feen leben nämlich in Bäumen, im Dickicht der Wälder, in den Nebeln des Morgens und des Abends, an Quellen und Flüssen, in Mooren, am Meer, bei großen Steinen und auf Grabhügeln. Es gibt unterirdische Feenreiche, aber nur Kinder, Narren und Erleuchtete finden sie.

Wer Feen sehen will, muß sie nur rufen, für sie singen und mit Schleiern auf Lichtungen tanzen – da kommen sie gern dazu. Feen machen das Leben fein, heiter und leicht. Der Kontakt mit Feen führt dazu, daß du genauer sehen, besser hören und mehr verstehen lernst.

26 IXCHEL
Mexiko

Ihr Name bedeutet „Regenbogengöttin“. Sie ist die Mond- und Heilgöttin der Maya, die Geburtsgöttin, die Göttin, die bei der Zeugung von Kindern anwesend ist oder gerufen wird. Auch die sexuelle Lust, Sinnlichkeit und Erotik gehören zu ihr, wie der Rhythmus des Wachsens und Vergehens, das Aufblühen und Verwelken. Frauen, die in ihrer Liebe wachsen und stark werden wollen, rufen Ixchel und surfen auf ihren Mondwellen.

27 GULA
Kleinasien

In Sumer und Mesopotamien ist Gula die Heilgöttin. Sie war vor der Zeit da und weiß alles über Werden und Vergehen. Sie ist die Gebieterin, die „die Toten belebt“, was auf ihre Funktion als Hebamme sowohl in das Leben als in den Tod deutet. Ihr Symboltier ist der Hund. Alle heilenden Tätigkeiten, alle Heilmittel und alle Heilrituale unterstehen ihr.

28 BAIWE
Finnland

Die samische (lappländische) Göttin Baiwe ist die Beschützerin der wilden Tiere, insbesondere der Rentiere. Sie ist eine Sonnengöttin, verkörpert selbst die Sonne und bringt den Menschen Lebensfreude. Für sie wird die Trommel geschlagen und mit Knochen gerasselt. Ihr besonderes Ritual: Rentierknochen werden im Kreis ausgelegt – so wird sie gerufen und um Antworten und Schutz gebeten. Trommelnd und tanzend wird sie verehrt. Am Schluß wird der Kreis aus Knochen aufgelöst, und die Knochen werden zusammengelegt.

29 ANTEVERTA UND POSTVERTA
Italien

Die Göttin der Vergangenheit Anteverta ist die Gebieterin über alles, was einmal gewußt wurde und was Frauen abrufen können, indem sie Anteverta rufen. Mit ihrer Schwester Postverta, der Göttin des Zukunftswissens, sitzt sie zur Geburt eines jeden Kindes am Bett der Gebärenden. Beide verschmelzen zur Geburtsgöttin Carmenta. Anteverta öffnet die Türen zur Vergangenheit, aber auch zu Problemen, die in der Vergangenheit verdrängt wurden. Sie setzt das Rätselbild zusammen, mit dem wir uns ein Leben lang beschäftigen, und eröffnet uns den Sinn der Ereignisse.

30 ERESCHKIGAL
Kleinasien

Die sumerische Unterweltsgöttin Ereschkigal ist ursprünglich Erdgöttin und große Mutter, bis sie zum Unterweltsaspekt von Ischtar (siehe 4. August) und Innana (siehe 30. September) wird. In einer Zeit, in der alle Kräfte in einer Frau, in einer Göttin lebendig sind, ist sie die dunkle, schwarzhaarige Göttin, die in einem Palast aus Lapislazuli schläft und alle Toten in ihren Körper holt.

Sie ist die Gebieterin der Wildnis jenseits der Zeit und die Führerin in die Wildnis jeder Frau. Sie ist die Löwenköpfige, die mit ihrem Boot zwischen der Welt der Lebenden und der ewigen Welt hin- und herfährt. Sie ist die Mutter der Schwelle.

DEZEMBER

1 HLYN
Nordeuropa

Die germanische Hlyn ist die Beschützerin der Frauen und vor allem als Schutzgöttin verehrt worden. Sie strahlt Milde, Güte, Zuwendung, Liebe aus und leistet spirituelle erste Hilfe bei Frauen, die verzweifeln. Hlyn oder Hlin wurden Vogelnester als kleine Altäre gewidmet.

2 TANGRA
Sibirien

Tangra, das höchste Wesen der Jakuten, hat eigentlich kein ausdrückliches Geschlecht. Alle Eigenschaften dieses göttlichen Wesens aber deuten auf weibliche Macht: die Kraft der Erde, Verbindung zum Himmel, zu den Elementen, zu den Tieren. Einer Erzählung nach ist Tangra die Schamanen-Mutter und Gebieterin der Tiere, die SchamanInnen bei ihrer magischen Reise begleiten. So wird Tangra zur Schutzgottheit oder Schutzgöttin der SchamanInnen, begleitet ihre Reise, schützt sie vor Gefahren und bewirkt Heilung.

3 ANNONA
Italien

Die römische Segensgöttin ist für Ernte und Reichtum zuständig. Sie wurde um Wachstum und reiche Ernte und um gute Preise für die Lebensmittel, die von den Bauern verkauft wurden, gebeten. Sie sorgte dafür, daß die Ernten nicht Schädlingen zum Opfer fielen und den Bauern gute Erträge brachten. Sie wird mit einer Kornähre und einem Füllhorn dargestellt.

Frauen, die knapp bei Kasse sind oder für ihre Arbeit keine guten Preise bekommen, sind bei Annona richtig.

4 Chomolungma, Schischapangma, Annapurna
Tibet, Nepal

Die Berge des Himalaya sind Göttinnen, und Chomolungma ist die Großmutter, die Urmutter aller Berggöttinnen. Von ihr heißt es, daß sie schon immer da war, sie wacht über Wohl und Wehe der Menschen um sie her, sie läßt Lawinen zu Tal stürzen, sie holt immer wieder Menschen zu sich, die ihren Körper, den Berg, besteigen. Ehe die Gipfelstürmer kamen (zu Recht ein militärischer Ausdruck), war es im Himalaya nicht üblich, den Göttinnen auf den Pelz zu rücken. Die Menschen umkreisten sie, legten Geschenke in kleine Schreine am Weg, warfen Steine auf Steinhaufen, banden Bänder in Bäume. Mögen auch Tausende von BergsteigerInnen Chomolungma von allen Seiten bearbeiten, sie gehen ihr nie wirklich an die Substanz, und aus ihr wird nie ein Everest. Wer eine Wallfahrt zu ihr machen will, sollte bunte Bänder und Lieder mitbringen.

Dasselbe gilt für ihre Tochter Schischapangma. Die erste Frauenexpedition zu ihr wurde 1994 zum Horrortrip, weil niemand der Göttin Geschenke brachte und mit ihr Kontakt aufnahm.

Annapurna ist die Nährende, die Beschützerin der Menschen, zu der sie Zuflucht nehmen können.

Wer die heiligen Göttinnenberge besteigen will, muß sie vorher fragen, muß feiern und tanzen und singen, Geschenke bringen und auf sie hören. Denn wenn sie sich ärgern, nebeln sie sich ein und entfernen die lästigen Parasiten und Eindringlinge von ihrer alten Haut.

5 Hardgreip
Nordeuropa

Die „hart zugreifende" germanische Riesin kann ihre Gestalt wandeln. „Bald erreiche ich die Nähe des Himmels, bald verwandle ich mich in die kleine Gestalt der Menschen." Sie ist zauberkundig und besitzt einen Zauberstab, mit dem sie von Toten die Zukunft erfragen kann. In Märchen und Sagen wird sie zur Ziehmutter für verirrte Menschenkinder, denen sie Magie beibringt. Frauen, die die Grenzen ihres Körpers nicht für das Ende aller Weisheit halten, lernen von Hardgreip die Wandelbarkeit aller Materie.

6 MANASA
Indien

Die bengalische Manasa sitzt auf einem Lotusblütenthron, auf ihrem Kopf trägt sie eine Krone aus sieben Kobra-Schlangen. Sie wird in Gestalt einer steinernen Figur oder eines Topfes verehrt. Manasa ist die Göttin der Magie, der Unberechenbarkeit, der Veränderung. Sie kann Fruchtbarkeit bewirken und wird angerufen, wenn eine Frau sich ein Kind wünscht.

7 NINLIL
Kleinasien

Die babylonische Königin der Winde ist eine alte Erdgöttin. Ihre Attribute sind die Schlange, die Veränderung und Lebendigkeit symbolisiert, der Berg, der Sinnbild der Erde und Berührung mit dem Himmel ist, und die Sterne, die auf ihre Macht als universelle Himmelskönigin weisen. Niemand konnte Babylon ohne Ninlils Einverständnis regieren. Jeder Herrscher mußte sich ihr beugen. Sie verkörpert Sinnlichkeit und Macht, Ekstase und Glückseligkeit.

8 HOLZWEIBCHEN
Deutschland

Die weisen germanischen Waldfrauen, auch Holzweibchen genannt, konnten freundliche alte Frauen sein, aber auch wilde, ungezügelte Weiber, wunderschöne feenartige Frauen mit fließenden Haaren oder häßlich, haarig, mit Warzen und Buckel. Der Flachs ist ihnen heilig und wurde ihnen auf kleinen Waldschreinen geschenkt. Oft baten die Waldfrauen Wanderer oder Holzarbeiter um etwas zu essen.

Wer mit ihnen teilt, den belohnen sie. Wer aber unfreundlich und frech ist, findet aus dem Wald nicht mehr heraus oder schlägt sich die Axt ins Bein. Die Waldfrauen haben viele Heilerinnen unterrichtet, unter anderem Hildegard von Bingen (siehe 18. September).

9 Hanwi

Oglala, USA

Die Mondgöttin der Oglala ist die Gebieterin über Heilrituale, sie vertreibt die bösen Gedanken und schenkt den Menschen Träume. Sie ist auch die Göttin des Morgengrauens und der Abenddämmerung und der Zwielichtstimmungen in der menschlichen Seele. In den Übergangszeiten zwischen Tag und Nacht steigen die Geister auf. Mit Hanwis Hilfe können sie gerufen und gebannt werden.

10 Nott

Nordeuropa

Die germanische Göttin der Nacht und der Dunkelheit ist selbst von dunkler, geheimnisvoller Schönheit. Mit ihrem Pferd Hrimfaxi reitet sie über das Land, und aus dem Schaum, der aus dem Pferdemaul tropft, fließen die Träume zu den Menschen. Nott ist für die dunklen Seiten des Lebens, für die dunklen Zeiten der Menschen zuständig.

Sie wird gerufen, wenn nächtliche Abenteuer zu bestehen sind, aber auch, wenn sich Menschen vor der Nacht fürchten. Sie kann Alpträume und Schreckensvisionen vertreiben.

11 Fatima
weltweit

Ihr Name bedeutet „Schöpferin". Ursprünglich ist sie eine alte Mondgöttin, Gebieterin des Wassers, der Nacht und der Verwandlung. Ihre Hand wehrt Unglück und schlechte Einflüsse ab. So finden wir heute überall in muslimischen Kulturen die „Hand der Fatima" als Abwehrzauber. Später wurde Fatima zur „Tochter" Mohammeds. Muslimische Frauen verehren Fatima als ihre Ur-Göttin, die ihre täglichen Probleme löst.

12 Erda
Nordeuropa, Deutschland

Die germanische Urmutter, die Erdgöttin, die Frau, aus der alles kommt, und die alles wieder in sich aufnimmt, ist so mächtig, daß sogar Wotan, der germanische Vater-Gott, bei ihr antreten mußte, wenn er etwas erreichen wollte. Erda hat die fragwürdige Ehre erlitten, von den Nazis angebetet zu werden, was ihr und ihrer Urkraft aber nichts wegnimmt. Sie repräsentiert die Fülle, den mächtigen weiblichen Körper, die Lust der Frauen und weibliche Macht. Frauen, die sich kraftlos fühlen, können sich bei Erda aufladen.

13 Luzia
Nordeuropa

Luzia, die Göttin des winterlichen Lichts, bringt Helligkeit in die dunkelste Zeit des Winters. Sie ist die Helferin der Frauen und eine uralte Orakelgöttin. Dort, wo Luzia heute noch verehrt wird, also in Schweden, in Bayern und in Österreich, werden am 13. Dezember Luzien-Orakel gemacht. Sogar als Jahreswende-Göttin gilt Luzia: An ihrem Tag geht das Jahr zu Ende, und ein neues beginnt. Als Lutzlfrau oder Pudelfrau bringt sie Geschenke, als „blutige

Lutzl“ straft sie. Luzia ist die doppelgesichtige Göttin: Schlehenholz, das ihr geweiht ist, schützt vor Truden (siehe 28. Dezember) und Hexen, zugleich ist sie aber auch die Göttin der wilden Frauen und Hexen. Im Alpenraum erscheint sie als Habergeiß, als vogelköpfige Frau mit Geißenkörper.

14 RHEA
Italien

Die Muttergöttin Rhea scheint eine wichtige Kraft der römischen Kultur an der Schwelle zwischen Matriarchat und Patriarchat gewesen zu sein. Sie ist eine Wolfsfrau, als Wölfin zog sie Romulus und Remus auf, mit Tiberis war sie freundschaftlich verbunden, dem Flußgott, der ihre Zwillinge in einem Weidenkorb auf den Fluten schaukelte. Als Wölfin ist sie wild, sie zieht herum, die Nacht ist ihr Revier. Als Muttergöttin schenkt sie Milch und nährt die Menschen.

15 CHUGINADAK
Aleuten, Pazifik

Die Vulkangöttin Chuginadak lebte allein und stolz auf einer Insel, gehörte keinem Mann an. Sie wirkte Magie, wo immer sie hinging. Sie lief über das Wasser und flog mit dem Wind. Sie war mit einem Fuchs-Geist befreundet. Ein Fuchs ist ihr Symboltier.

16 WEIßE BÜFFELKALBFRAU
Lakota, USA

Als die Lakota von den Black Hills fortzogen und im Krieg mit vielen Stämmen lebten, kam die Weiße Büffelkalbfrau und brachte die Friedenspfeife. Die „Medizin der Pfeife“ ist unverzichtbar, um friedlich mit allen Menschen zu leben. Die erste heilige Pfeife wird an einem geheimen Ort in South Dakota aufbewahrt. So ist die Weiße Büffelkalbfrau Friedensbringerin und Medizinfrau. Wird ein weißer Büffel geboren, kommt die Zeit der Stammeskulturen zurück. 1995 wurde nach langer Zeit wieder ein weißer Büffel geboren.

17 LAKA
Hawai

Laka ist eine Wald- und Vegetationsgöttin und die Göttin des Tanzes und des Gesangs. Sie hütet einen Blütengarten und läßt die Früchte reifen. Wachstum und Sinnesfreuden gehören zu ihr. Sie spricht durch den Tanz zu den Frauen. Ihre Kultfarbe ist Gelb. Sie wird als abstrakte Form, als Holzblock, mit gelbem Bast umwickelt, verehrt. Der Hula-Tanz ist der Tanz der Laka, ihr zu Ehren tragen die TänzerInnen Blütenkränze.

18 SALWARIE
Dolomiten, Italien

In den Dolomiten gibt es wilde Frauen, die fern der menschlichen Zivilisation in Höhlen leben. Sie heißen Salwarie. Sie sprechen mit Bäumen, Steinen und Pflanzen. Sie können alle Krankheiten heilen und Frauen ihr Heilwissen beibringen. Sogar einen Zauberspiegel haben sie, der aus den Tränen betrogener Frauen gemacht ist, und jede Frau, die hineinsieht, erkennt die wahren Gedanken ihres Mannes. Viel Leid entstand daraus, weshalb die Salwarie den Spiegel wieder verschwinden ließen.

Die „wilden Frauen" tun sich gelegentlich mit Menschen zusammen. Wer aber unbedingt ihren Namen erfahren will und nennt, verscheucht sie.

Wilde Frauen lehren die Sprache der Steine und der Natur, sie bringen auch Schätze. Du mußt nur „Salwaria!" rufen und singen, dann kommt gewiß eine. Ob du sie allerdings sehen kannst, ist eine andere Frage.

19 MAHUI IKI
Polynesien

Die mächtige Göttin der Unterwelt ist auch die Königin der Wurzeln, der unterirdischen Gewässer und Feuer. Ihr Sohn wollte sie entmachten und bat sie um ein Kochgefäß. Sie gab ihm einen Fingernagel, er vernichtete ihn. Als sie ihm alle Fingernägel und neun Zehennägel gegeben hatte, glaubte er, sie zerstört zu haben, da nahm sie ihren zehnten Fingernagel, warf ihn in einem ungeheueren Zornesausbruch auf die Erde, zerstörte Maui, den Sohn, und entfachte ein furchtbares Feuer. Für die Menschen blieb die angenehme Tatsache, daß sie lernten, aus Holz ein Feuer zu locken.

So heißt es, daß Mahui Iki den Menschen das Feuer brachte. Aber sie ist auch die Göttin der Rache und Vergeltung, wenn Unrecht geschieht.

20 IZANAMI
Japan

Die Toten- und Schöpfungsgöttin der Ainu lebt in einem Schloß im Land der Toten. Sie gebar eine Wasserschlange, was auf ihren Fruchtbarkeitsaspekt deutet. Die Insel Awaji ist das Zentrum des Izanami-Kults und ihr heiliger Ort.

Wer aus Leichtsinn oder Frechheit den Kontakt zu Izanami im Land der Toten sucht, wird von ihr mit dem Tod bestraft. Wer aber etwas über die Schwelle zwischen Leben und Tod wissen will, findet in ihr eine – strenge – Lehrerin. Das Wissen über die Toten und die andere Welt trägt sich nicht so leicht.

21 HOLLE
Deutschland, Österreich, Schweiz

Die Hollermutter, Holle oder Holla lebt im Holler, also im Holunder, ihrem heiligen Baum. Wer einen Holunderbusch schlägt, wird von ihr bestraft. Das Holz des Holunders soll nicht ins Feuer geworfen werden, außer um Holla zu rufen und um ein Orakel zu bitten. Holla wird mit weißen Speisen und Äpfeln beschenkt. Sie hat es gern, wenn gesungen wird. Jodler fangen oft mit Holla an und sind eine Hymne an die Urgöttin. Im Märchen schüttelt die Holle die Betten und läßt es schneien, was bedeutet, daß sie auch eine Todesgöttin ist, die die Kraft der Wesen auf der Erde in die Tiefe ruft, wo sie sich regenerieren können. Auch der Backofen, also die Nahrung der Menschen, gehört zu Holle. Früher wurden Ofenopfer für sie gemacht: Brot oder Gebäck wurde ins Herdfeuer geworfen. Sie ist verwandt mit Hel, der germanischen Unterweltsgöttin (siehe 13. November). Fahr zur Holle, ist keine Beleidigung!

22 KUKUTHI
Albanien

Die Krankheitsdämonin und Unheilbringerin Kukuthi oder Kukudhi ist in Wirklichkeit eine alte Unterweltsgöttin, die Gebieterin über Krankheit, Tod und Unglück. Scheinbar unheilvoll, sorgt sie in Wirklichkeit dafür, daß Menschen sich ihrem Leben stellen, Entscheidungen treffen und für sich selbst verantwortlich werden. Kukuthi ist die Herausforderung an deine Kraft.

23 AKA
Türkei

Die alttürkische Muttergöttin Aka ist die Lebensspenderin, sie bringt Milch und Honig, sie läßt den Boden fruchtbar sein, sie läßt die Menschen geboren werden und sterben. In manchen türkischen Dialekten heißt das Wort für Mutter immer noch Aka.

24 Maria
weltweit

Die Himmelskönigin, Gottesmutter, die liebe Frau, die Gnadenreiche hat so viele Göttinnen unter ihrem Rock, daß es schwer ist, besondere Eigenschaften zu beschreiben. Sie wurde zur Schutzgöttin aller Frauen, als andere Göttinnen nicht mehr verehrt werden durften. Die AfrikanerInnen schoben ihr, sowohl in Afrika, als die Missionare kamen, als auch in der Fremde, in die sie als SklavInnen verkauft worden waren, die heimischen Voodoogöttinnen unter. Die germanischen Geburts-, Todes- und Vegetationsgöttinnen fanden auch noch Platz unter ihrem Sternenmantel. Besonders interessant ist der Kult der schwarzen Madonna, der zu den afrikanischen Göttinnen weist, aber auch zur indischen Kali.

Wer zur Macht der alten Göttinnen finden will, fängt am besten bei Maria an. Vorteil: Sie hat überall Altäre, und wer ihre Attribute und Symbole genau betrachtet (z.B. Sichel, Drache, Mond, Sternenmantel, Spindel, Nuß, Apfel), findet den Schlüssel zu fast allen alten Kulturen.

25 Asase Afua
Ghana

Diese Erdgöttin des alten Akan-Reiches ist mächtiger als alle anderen Gottheiten. Sie hat keine heiligen Orte, Tempel oder PriesterInnen. Sie wird universell verehrt. Alles, was Erde, Pflanzen, Steine, Bäume oder Tiere betrifft, betrifft auch sie. Sie manifestiert sich in allem, was es auf der Erde gibt. Wie alle Ur-Göttinnen ist sie sowohl für Geburt als auch für Tod zuständig, die Acht ist ihre heilige Zahl.

26 Matronen

Italien, Deutschland, Frankreich

Der Matronenkult ist ein Kult um die dreifache Göttin, der in den römisch besetzten germanischen und gallischen Gebieten vorkam. Über tausend Matronenstandbilder fanden sich bis heute; überall am Rhein entlang, in Bayern, aber auch in der Bretagne und in Cornwall gibt es Kultplätze der Matronen (z.B. Madron-Well, die heilige Quelle in Cornwall, Polling und Leutstetten in Bayern und Kevelaer am Rhein). Die drei Matronen, die jungfräuliche, die mütterliche und die alte, halfen und helfen Frauen in allen weiblichen Belangen, von der Menstruation über die Geburt bis hin zu den Künsten und zum Tod. Oft werden sie mit gelösten Haaren, mit Obst und Gemüse und mit Bäumen dargestellt, was sie als Vegetationsgöttinnen ausweist.

27 Nuliayoq

Inuit, USA, Kanada

Diese Schöpfungsgöttin der Inuit der Westküste lebt im Meer, wo sie der Sage nach als Waisenmädchen, von den Menschen ihres Dorfes verstoßen, ertrank und verwandelt wurde. Das Meer wurde Nuliayoq Mutter, Zuhause und Machtbereich. Im Meer fand sie alles, aus dem Meer schöpfte sie alles, die Tiere des Meeres sind ihre Kinder. Die SchamanInnen der Inuit mußten Nuliayoq anrufen und zu ihr in die Tiefe des Meeres steigen, damit die DorfbewohnerInnen den Winter überstehen konnten.

28 Truden

Bayern, Österreich, Schweiz

Die Truden halten sich im Gefolge der Percht (siehe 6. Januar) auf, sie werden auch Druden genannt, und der „Drudenfuß“, also der fünfeckige Stern, ist ihr Symbol. Sie sind gewiß auch Totendämoninnen, denn sie erscheinen in nächtlichen Alpträumen (Drud-Drucken) und peinigen vor allem frischverheiratete Frauen, deren Männer und Frauen, die sehr fleißig sind. Sie verwirren das Garn, machen die frische Wäsche schmutzig, stören die junge Ehe, zerbrechen das Geschirr.

Sie erinnern alle Frauen, die ihre Freiheit aufgegeben haben, daß diese Freiheit existiert und gepflegt wird: von den Truden.

29 Sphinx
Ägypten und Griechenland

Die löwenköpfige Frau, auch Phix genannt, hat die Eigenschaften einer Totendämonin. Sie geht über die Grenze zwischen Leben und Tod und kennt die Geheimnisse der Menschen, aber auch der Unterwelt. Es heißt, daß sie die Reisenden auffraß, die ihre Rätsel nicht lösen konnten. Sie wird nicht selten als Bedrohung vor allem männlicher Reisender und Herrscher beschrieben, weshalb sie von Aischylos männerraubende Ker genannt wurde. In Ägypten bewachten Sphinxe die Königsgräber.

30 Nornen
Nordeuropa

Die drei Schicksalsgöttinnen Urd, Waranda (oder Verdandi) und Skuld bestimmen bei den Germanen das Schicksal der Menschen. An einem Eschenbaum, dem Weltenbaum Ygdrasil, sitzen sie an einer Quelle: Urd spinnt den Faden und spricht über den Anfang des Lebens, Verdandi mißt den Faden und bestimmt über die Dauer, Skuld schneidet den Faden ab und beendet das Leben. Über die Ereignisse im menschlichen Leben beraten sie zu dritt. Wer etwas von ihnen wissen will, kann sie auf Kreuzwegen rufen (wie Macbeth das bei Shakespeare tut). Viele Märchengestalten, die Spinnerinnen, die weisen Alten, beschreiben eigentlich die Nornen oder eine der Nornen. Sie können als Geistwesen, aber auch als Frauen in Fleisch und Blut erscheinen, und sie wissen das Vergangene, das Gegenwärtige und das Zukünftige nicht nur von den Menschen, sondern auch von den Göttlichen.

31 ALRAUNE
Deutschland

Alraune oder Allrune ist die germanische Göttin des Orakels; die Pflanze Alraune gilt als Verkörperung der Weisheit der Göttin. Die Alraune hat zauberkräftige Wirkung. Allerdings heißt es, daß sie so fürchterlich schreit, wenn man sie aus der Erde zieht, daß ein Mensch, der dies versucht, sofort sterben muß. Deshalb wurden die Alraunen früher von Hunden aus der Erde gezogen. Die Priesterinnen der Alraune sprachen mit der Pflanze, ohne sie zu töten, und erfuhren durch sie alles, was sie wissen wollten. Selbst nach der Inquisitionszeit, in der der Alraunen-Kult verboten wurde, trugen noch viele Menschen Alraunen-Amulette, die schützen, aber auch Wissen vermitteln.

1 Dao
2 Sarakali
3 Banshee
4 Onile
5 Befana
6 Percht
7 Saraswati
8 Erinnyen
9 Yoni
10 Ariadne
11 Swaixdunoka
12 Tlazolteotl
13 Ruby Plenty Chiefs
14 Hsi Wang Mu
15 Walkyren
16 Tanna
17 Skadi
18 Tanfana
19 Siewa
20 Rona
21 Lia
22 Buto
23 Morrigan
24 Quies
25 H'uraro Atira
26 Parvati
27 Sudice
28 Aufaniae
29 Tuonetar
30 Yamuna
31 Zilsbog
32 Ceridwen
33 Brigid
34 Epona
35 Rinda
36 Guinevra
37 Tin Hinane und Kella
38 Boadicea
39 Vila
40 Dryaden
41 Plejaden
42 Veleda
43 Quitatzli
44 Echo
45 Sibylle
46 Mboze und Bunzi
47 Ritu
48 Jemao
49 Scylla
50 Fänggen
51 Caer
52 Tuli
53 Heidr
54 Ascherat
55 Mawu Lissa
56 Luna
57 Erke
58 Listwoer und Bingwoer
59 Mari-ama
60 Simisterla
61 Pele
62 Sackamieli
63 Rhiannon
64 Melusine
65 Gauri
66 Ogboni
67 Telete
68 Astarte
69 Quanwon
70 Disa
71 Schekina
72 Wala
73 Sunna
74 Rigenmucha

75 Zlota Baba
76 Völva
77 Wawalag-Schwestern
78 Rauni
79 Zemina
80 Morana
81 Turan und die Lasen
82 Sylphen
83 Fuji
84 Ki
85 Lamaschtu
86 Mania
87 Mafdet
88 Atargatis und Semiramis
89 Ziwiena
90 Lamia
91 Quandischa
92 Atiersang
93 Pare
94 Athene
95 Rana Neida
96 Kulo Tyeleo
97 Gendenwitha
98 Oreaden
99 Feronia
100 Neith
101 Surabhi
102 Hina
103 Echidna
104 Moiren
105 Kadroma
106 Ostara
107 Zorja
108 Sneneik Tsonoqua
109 Sirenen
110 Wila
111 Zinkoo
112 Ceres
113 Lada
114 Melletele
115 Ala
116 Amalthea
117 Amazonen
118 Lethe
119 Bhawani
120 Fylla
121 Furien
122 Bonadea
123 Awehai
124 Hyaden
125 Creiddylad
126 Aurora
127 Diana
128 Kuma
129 Aphrodite
130 Gaia
131 Kore
132 Dakini
133 O
134 Schakti
135 Al Uzza
136 Anansi
137 Trivia
138 Venus
139 Riesinnen
140 Uolumar
141 Circe
142 Hestia
143 Iduna
144 Flidais
145 Baubo
146 Loreley
147 Etain
148 Glispa
149 Jabme-Akho
150 Wolen
151 Oto Hime
152 Zaramama
153 Tiamat
154 Xalpen
155 Ran
156 Nymphen

157 Hygieia
158 Coatlicue
159 Vaschti
160 Apasinasee
161 Huruing Wuhti
162 Dana
163 Tonan
164 Maman Brigitte
165 Lakschmi
166 Mokosch
167 Sulevien
168 Sequana
169 Undine
170 Thorgerd und Irpa
171 Inari
172 Uzume
173 Ma-Emma
174 Arianrhod
175 Nikta
176 Wari-Ma-Te-Takere
177 Mami Wata
178 Lau
179 Muk Jauk
180 Lorop
181 Ohoyo
182 Estsan Atlehi
183 Arinna
184 Fata Morgana
185 Guanyin
186 Jecha
187 Anahita
188 Rabie
189 Tien Hou
190 Tamar
191 Devi
192 Nechbet
193 Chalchihuitlicue
194 Tinnit
195 Nogan Daraeke
196 Yal-Un-Eke
197 Fortuna
198 Schawuschka
199 Tanaquil
200 Radha
201 Puzza
202 Oona
203 Amaterasu
204 Eir
205 Juno
206 Daphne
207 Kupalo
208 Lua
209 Kybele
210 Bubastis
211 Anath
212 Macha
213 Nona Fluor
214 Hathor
215 Allaiturahe
216 Saga
217 Ischtar
218 Haband
219 Balkis
220 Palden Lhamo
221 Ganga
222 Pythia
223 Bimbajo
224 Nanaja
225 Freya
226 Xochiquetzal
227 Sekmet
228 Walpurga
229 Viviane
230 Sedna
231 Tara
232 Wahini Hai
233 Pachiamamma
234 Demeter
235 Gul-Schesch
236 Tazi
237 Ico
238 Giltine

239 Dölma
240 Fama
241 Chicomecoatl
242 Arachne
243 Nephtys
244 Durga
245 Meda
246 Silkie
247 Sul
248 Perkuna Tete
249 Aida Wedo
250 Horen
251 Tabunisorton
252 Prende
253 Omecihuatl
254 Dzelarhons
255 Akewa
256 Ua Zit
257 Dratschitse
258 Sicasica
259 Giane
260 Sif
261 Anna Perenna
262 Hildegard von Bingen
263 Goga
264 Saule
265 Bau
266 Seng-Wan-Mau
267 Mahamayuri
268 Rugia Boba
269 Oya
270 Loo Wit
271 Nuth
272 Pomona
273 Trizna
274 Inanna
275 Penthelia
276 Omorka
277 Ape-Huci-Kamuy
278 Maat
279 Quadav
280 Chimaira
281 Sophia
282 Chang-O
283 Nerthus
284 Ananke
285 Radomischl
286 Modgudr
287 Hainuwele
288 Marzana
289 Selket
290 Uparatat
291 Schiwanokia
292 Nokomis
293 Artio
294 Oschun
295 Libussa und Kascha
296 Musen
297 Hyndla
298 Djanggawul-Schwestern
299 Scathach
300 Lumino Ut
301 Branwen
302 Lilith
303 Minerva
304 Charybdis
305 Hekate
306 Artemis
307 Persephone
308 Kali
309 Nemesis
310 Harpyen
311 Baba Yaga
312 Gorgonen
313 Isis
314 Heket
315 Peri
316 Chih Nu
317 Pandora
318 Hel
319 Thesmia
320 Quamaits

321 Rusalka
322 Hannahanna
323 Auchimalgen
324 Maya
325 Azer Ava
326 Heiti
327 Madrisa
328 Dolja
329 Mayahuel
330 Feen
331 Ixchel
332 Gula
333 Baiwe
334 Anteverta und Postverta
335 Ereschkigal
336 Hlyn
337 Tangra
338 Annona
339 Chomolungma, Schischapangma und Annapurna
340 Hardgreip
341 Manasa
342 Ninli
343 Holzweibchen
344 Hanwi
345 Nott
346 Fatima
347 Erda
348 Luzia
349 Rhea
350 Chuginadak
351 Weiße Büffelkalbfrau
352 Laka
353 Salwarie
354 Mahui Iki
355 Izanami
356 Holle
357 Kukuthi
358 Aka
359 Maria
360 Asase Afua
361 Matronen
362 Nuliayoq
363 Truden
364 Sphinx
365 Nornen
366 Alraune

Henri Bancaud und André Bourgeot, *Die Tuareg*, München 1984.

Ean Begg, *The Cult of the Black Virgin*, London 1985.

Hedwig von Beit, *Symbolik des Märchens*, Bern 1981.

John Bierhorst, *Die Mythologie der Indianer Nordamerikas*, München 1988.

Werner Bonin, *Die Götter Schwarzafrikas*, Graz 1979.

Linus Brunner und Alfred Toth, *Die rätische Sprache enträtselt*, St. Gallen 1987

Joseph Campbell, *Mythologie der Urvölker*, Basel 1991.

Lawrence Durdin-Robertson, *The Year of the Goddess*, Wellingborough 1990.

Oswald Erich und Richard Beitl (Hg.), *Kröners Wörterbuch der deutschen Volkskunde*, Stuttgart 1974.

William W. Fitzhugh und Aron Crowell, *Crossroads of Continents*, Washington, DC, 1988.

Victoria Ginn und Keri Hulme, *Geister der Erde*, Freiburg 1990.

Judith Gleason, *Oya*, Boston 1987.

Norma Lorre Goodrich, *Priestesses*, New York 1989.

Jacob Grimm, *Deutsche Mythologie in 3 Bänden*, Frankfurt 1981.

Handwörterbuch der Mythologie, Leipzig 1987.

Buffie Johnson, *Die Große Mutter in ihren Tieren*, Olten und Freiburg 1990.

Lady-unique-inclination-of-the-night, Zeitschrift 1982/83, Austin (vergriffen).

Cornelia Mallebrein, *Die anderen Götter*, Köln 1993.

Martha Ann und Dorothy Meyers Imel, *Goddesses in World Mythology*, Oxford o.J.

Patricia Monaghan, *Women in Myth and Legend*, London 1981.

Ajit Mookerjee, *Kali, The Feminine Force*, London 1988.

H. St. John Philby, *The Queen of Sheba*, New York 1981.

Knud Rasmussen, *Die Gabe des Adlers, Eskimomythen*, Berlin 1988.

Rudolf Simek (Hg.), *Lexikon der Germanischen Mythologie*, Stuttgart 1984.

Merlin Stone, *When God was a Woman*, New York 1976, und *Ancient Mirrors of Womanhood*, New York 1979.

Georg Vollmer (Hg.), *Wörterbuch der Mythologie*, Leipzig 1978.

Barbara Walker, *The Women's Encyclopedia of Myths and Secrets*, deutsch: *Das Geheime Wissen der Frauen*, München 1994.

Karl Felix Wolff, *Dolomitensagen*, Innsbruck 1981.

Reihe *Märchen der Welt* und *Edda*, München.

Reihe *Märchen der Völker*, Essen.

Luisa Francia

„Berühre Wega" (1982)
ISBN 3-88104-120-6

„Kalypso" (1984)
ISBN 3-88104-138-9

„Mond, Tanz, Magie" (1986)
ISBN 3-88104-152-4

„Drachenzeit" (1987)
ISBN 3-88104-165-6

„Zaubergarn" (1989)
ISBN 3-88104-190-7

„Spielend Scheitern. Ein Leidfaden für Frauen mit dreizehn Tips zum Mißerfolg" (1990)
ISBN 3-88104-203-2

„Die 13. Tür" (1991)
ISBN 3-88104-210-5

„Die schmutzige Frau" (1992)
ISBN 3-88104-226-1

„SteinReich" (1993)
ISBN 3-88104-239-3

„Auf der anderen Seite der Haaresbreite" (1994)
ISBN 3-88104-252-0

„Starke Medizin" (1995)
ISBN 3-88104-266-0

„Eine Göttin für jeden Tag" (1996)
ISBN 3-88104-280-6

im Verlag Frauenoffensive